Kultur erwandern in Schwaben

Band 2

Burgen, Schlösser und Landschaften

Ulmer Winkel – Oberschwaben –
Biosphärengebiet Schwäbische Alb

Volker Korte
und Wanderführer*innen
der Ortsgruppe Ulm/Neu-Ulm
im Schwäbischen Albverein

Klemm+Oelschläger

Impressum

Bibliografische Information der Deutschen Nationalbibliothek.
Die Deutsche Nationalbibliothek verzeichnet diese Publikation in der Deutschen Nationalbibliografie; detaillierte bibliografische Daten sind im Internet über http://dnb.d-nb.de abrufbar.

1. Auflage, Ulm 2022

Layout: Hannelore Zimmermann, Neu-Ulm
Umschlaggestaltung: Hannelore Zimmermann, Neu-Ulm
Herstellung: digitaldruck leibi.de, Neu-Ulm

ISBN 978-3-86281-176-2

Inhaltsverzeichnis

Vorwort

Dies ist nun der zweite Band der Reihe ‚Kultur erwandern in Schwaben'. Nach der Albwasserversorgung stehen diesmal die Region um Ulm, die Schwäbische Alb rund um das Biosphärengebiet und ein Teil Oberschwabens entlang der Donau im Vordergrund.
Ähnlich wie im ersten Band finden Sie zunächst eine Beschreibung der Highlights der jeweiligen Region (und das sind ganz schön viele). Danach können Sie sich den insgesamt 20 Wanderungen widmen, die unsere Wanderführer erarbeitet haben. Und diesen Wanderführern sei an dieser Stelle ein herzlicher und großartiger Dank gerichtet. Die Wanderungen sind auch wieder zeitgemäß und nachhaltig nicht nur mit dem eigenen Pkw erreichbar, sondern können umweltfreundlich mit dem öffentlichen Nahverkehr erschlossen werden. Und auf diesen Wanderungen können Sie auch viele weniger bekannte, aber trotzdem interessante, Kleindenkmale finden.

Bitte beachten Sie, dass Linien, Linienbezeichnungen und Fahrpläne regelmäßigen Änderungen unterliegen. Informieren Sie sich bitte aktuell bei den jeweiligen Verkehrsbetrieben. Dabei sind die Internetseiten unseres Partners ‚DING',
https://www.ding.eu/de/fahrplan/linienfahrplan
der anderen Nahverkehrsunternehmen
oder auch der Deutschen Bahn
https://www.bahn.de/p/view/index.shtml hilfreich.

Nutzen Sie möglichst diese Angebote des ÖPNV! Und nun wünschen wir Ihnen viel Spaß beim Lesen, Erkunden und Wandern.

Volker Korte
Schwäbischer Albverein Ulm/Neu-Ulm

1 Der Ulmer Winkel

Wo reiche Ulmer einst ihre Sommer verbrachten

Es geschah an einem trüben Novembernachmittag des Jahres 1347. In einem wie üblich stinklangweiligen Meeting (hieß damals aber noch nicht so) der Patrizier in der ‚Oberen Stube' des Rathauses ereilten einen der Ratsherrn schöne Tagträume. In Rückerinnerung an den heißen und sonnigen Sommer überlegte er, wie man der Hitze und der schlechten Luft in der Stadt entfliehen könnte. Und er hatte eine Idee. Auf der anderen Seite der Donau: Da war noch viel unberührte Natur, und die Bauplätze waren noch billig! Da müsste man doch mal mit dem alten Kumpel, dem Grafen von Kirchberg, reden (dem gehörte das ganze Land) ...

So oder so ähnlich könnte die Geschichte der Patriziersitze im Ulmer Winkel beginnen; so ist es aber nicht überliefert. Daher zurück zu den Tatsachen.

Das Ulmer Patriziat bildete sich allmählich im 13. Jahrhundert als Elite der Stadt heraus. In der ‚Stubengesellschaft' der Freien Reichsstadt belegten sie die ‚Obere Stube'. Den Kollegen der Kaufleute blieb die ‚Untere Stube', die Handwerker und ihre Zünfte waren stubenlos: Eine Veränderung der Machtverhältnisse kam durch den ‚Kleinen' und ‚Großen Schwörbrief' zustande, die Macht und Einfluss der Patrizier zugunsten der Kaufleute und der Zünfte beschnitten. Eine Wiederherstellung der alten Verhältnisse gab es dann mit der Aufhebung der Zunftverfassung und dem Neuen Schwörbrief durch Kaiser Karl V. im Jahre 1558. Damals wurden auch viele Patrizier in den Adelsstand erhoben.

Das Ulmer Patriziat bestand damals aus 45 Familien, und die wichtigen Posten in der Stadt wurden zwischen ihnen aufgeteilt und weitergegeben. Es gab eine detaillierte Ordnung für standesgemäßes Verhalten. Für den Nachwuchs war die Laufbahn mit Ausbildung und dem Studium an einer der Universitäten geregelt, und man feierte gern und am liebsten unter sich. Dies beinhaltete auch das Bedürfnis nach Repräsentanz und adliger Lebensführung [1]. Und dafür fand man jenseits der Donau im Winkel zwischen Iller und Roth entsprechend Platz. Die Gegend war überwiegend Lehen der Grafen von Kirchberg, die jedoch gerne bereit waren, gegen Gewährung entsprechender Gegenleistungen auch Unterlehen zu vergeben. So entstanden im ‚Ulmer Winkel' ab dem 14. Jahrhundert die Schlösser der Ulmer Patrizier. Viele dieser Herrenhäuser existieren heute noch, allerdings hat sich die Nutzung im Laufe der Jahrhunderte mehrfach geändert. Und es entstanden interessante Kirchen und andere Kleinode.

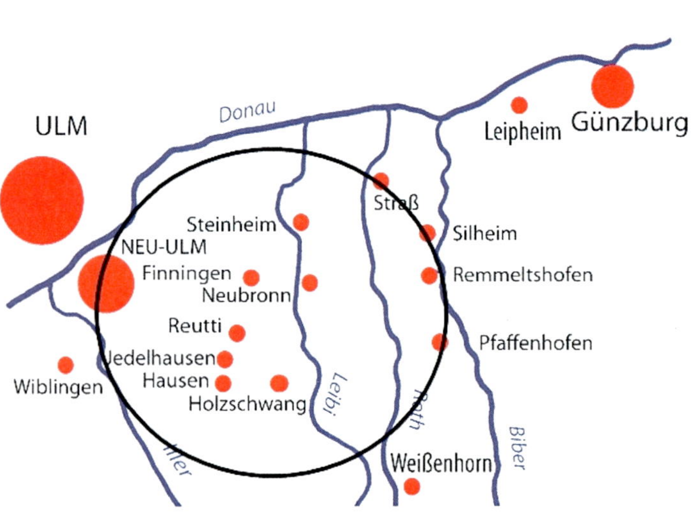

Schlösser und Kirchen im Ulmer Winkel

Da die Ulmer Patrizier sparsam waren und nach außen hin ungern ihren Reichtum zeigten, waren die steinernen Sommerresidenzen auch eher stattliche Herrenhäuser als fürstliche Schlösser. Die meisten befinden sich in dem Bogen zwischen Iller und Leibi südöstlich der Donau [2].
Öffentlich zugängig ist nur eines der ehemaligen Schlösser, aber einige andere sind dank ihrer Lage gut erreichbar und von außen anzuschauen.

Dazu gehört das Schloss Holzschwang. Ein Großteil der Güter des Ortes wird von der Familie Roth im 15. Jahrhundert erworben. Die Familie fördert am Ort den Flachsanbau, der als Rohstoff für Leinen und Barchent zu einer wichtigen Erwerbsquelle wird. Das spätgotische Schloss wird von Hermann Roth später umgebaut; nach dessen Fertigstellung nennt sich die Familie ‚von Roth und

▼ Schloss Holzschwang

von Holzschwang'. Nach dem Aussterben der Familie wird das Schloss an die Patrizierfamilie Baldinger vererbt und später an den Ratsherrn Franz-Daniel von Neubronner verkauft (Familienbesitz bis heute).

Knapp 2 km nördlich von Holzschwang befindet sich unweit des Flüsschen Leibi der Weiler Tiefenbach. Hier liegen an einem Weiher das gleichnamige Hofgut und spätere Schloss, das ab dem 14. Jahrhundert Erwähnung als Lehen der Bischöfe von Augsburg findet. Dann kommt es in den Besitz zunächst der Ulmer Patrizierfamilie Geßler, dann der Familie Krafft und schließlich der Familie Besserer. Später wird das Schloss umgebaut; heute ist es auch in Privatbesitz und wird als Wohnhaus und teilweise landwirtschaftlich genutzt.

Etwas weiter in nördlicher Richtung liegen Hof und Schloss Neubronn. Der Hof wurde im 15. Jahrhundert durch Hans Gienger (noch kein Patrizier, sondern ‚nur' Ulmer Bürger) für 1.300 Rheinische Gulden erworben. Sein Sohn heiratet Veronika Krafft aus einer Patrizierfamilie, und so wurden die Giengers selber Patrizier und damit ‚stubenfähig'. Später wird das Schloss gebaut und geht im Jahr 1600 vom Lehen in das Eigentum der Familie über. Danach gab es mehrere Besitzerwechsel; heute gehört es einer Erbengemeinschaft und ist an einen Erzeuger für ökologischen Gemüsebau verpachtet. Wer mehr über die wechselhafte (aber für die Schlösser des Ulmer Winkels nicht untypische) Geschichte erfahren will, erhält in [3] reichhaltige Informationen.

Fünf Kilometer weiter in nördlicher Richtung liegt das Örtchen Steinheim, in dem drei ehemalige Patriziersitze zu finden sind. Ein ehemaliger Herrensitz ist heute ein ganz gewöhnliches Wohnhaus, und einem früheren ‚Patrizierschlösschen' ist die Vorgeschichte auch kaum noch anzusehen. Interessant ist das frühere Schloss, das im 17. Jahrhundert für die Ulmer Patrizierfamilie Schleicher erbaut wurde. Das Schloss, das ebenfalls mehrfache Besitzerwechsel hatte (Fam. Schleicher => Fam. Stammler =>

Schloss Tiefenbach (rechts) mit Weiher ▲

▼ Schloss Neubronn

Schloss in Steinheim ▲

Fam. Krafft), wurde später bis 1985 als Bauernhof genutzt. Heute ist es wieder im Besitz der Familie Schleicher.
Interessant sind die Einfassungen der Maueröffnungen und die aufgeputzten Quader. Die Technik dazu stammt ursprünglich aus der Toskana, wurde durch den Handel auch in Ulm und um Ulm herum bekannt und erfreute sich dort großer Beliebtheit.

Ein weiteres – das einzige öffentlich zugängliche – Schloss befindet sich westlich von Steinheim in Offenhausen, einem Stadtteil von Neu-Ulm. Erstmals erwähnt wird es im 15. Jahrhundert; wenig später erwirbt es der Patrizier Ehinger von Balzheim, der es auch in die heutige Form umbauen lässt. Danach kauft die Stadt Ulm das Anwesen und richtet eine Gaststätte ein, die ein Braurecht ‚mit aller Gerechtigkeit' erhält. International bekannt wird es 1805 als mögliches Quartier von Napoleon I. bei der Schlacht von Elchingen. Knapp 100 Jahre später erwirbt es die Familie Zoller, in deren Besitz es bis heute ist. In den Gasträumen und im

Das Schlössle in Offenhausen ▲

Biergarten kann man bis heute das dort gebraute Bier und ein passendes Essen genießen.

Nach den weltlichen Genüssen nun zu kirchlichen Angelegenheiten. Im Ulmer Winkel gibt es einige interessante Kirchen. Zwei Kleinere, die aber in ihrer Ausstattung ganz groß sind, sollen hier vorgestellt werden.

Hausen liegt am südlichen Ende des Ulmer Winkels. Der Ort wurde im 14. Jahrhundert Besitz der Patrizierfamilie von Halle (als Lehen der Grafen Kirchberg) und durchlief wie viele andere Orte auch zahlreiche Besitzerwechsel. Die Ulrichskirche ist eine spätgotische Anlage. Im Inneren befindet sich ein schöner Flügelaltar (dessen Original allerdings im Württembergischen Landesmuseum in Stuttgart steht). Dazu gibt es einen Chor mit einem sehenswerten Netzrippengewölbe, eindrucksvolle Bilderzyklen sowie ein Türgemälde. Außen erinnert ein Wappenrelief an die Allianz

Ulrichskirche in Hausen ▲

▼ Netzrippengewölbe im Chor der Ulrichskirche

Wappenrelief an der Außenseite der Kirche ▲

der Patrizierfamilien Rehlinger, Schleicher und Dietenheimer, die alle zeitweise Besitzer des Ortes gewesen sind.
In der Nähe der Ulrichskirche befindet sich etwas versteckt das ehemalige Schloss, das ebenfalls lange ein Patriziersitz gewesen ist. Ein erster Bau erfolgte im 16. Jahrhundert durch die Familie Roth; Abbruch und Neubau war dann ca. 200 Jahre später durch die Familie Besserer. 1924 brannte das Anwesen ab, wurde aber wiederaufgebaut; nach dem 2. Weltkrieg war hier ein Erholungsheim. Eigentümer ist bis heute die Familie Besserer von Thalfingen, die 2004 im ‚Mannesstamm ausgestorben' ist.

Das zweite kirchliche Kleinod im Ulmer Winkel ist die Kirche St. Margareta in Reutti. Auch diese ist ein spätgotischer Bau und von Hans Roth im 16. Jahrhundert erbaut. Die wohl wertvollsten Teile der Kirche sind der Flügelaltar, der wahrscheinlich ursprünglich aus dem Ulmer Münster stammt, sowie das Sakramentshaus neben dem Flügelaltar.

Gleich neben der Kirche befindet sich das Schloss Reutti. Burg, Garten, Kirche und Dorf waren Lehen der Grafschaft Kirchberg und kamen so ab dem 14. Jahrhundert in den Besitz der Ulmer Patrizierfamilie von Halle. Der Besitz wechselte dann zur Familie Karg und später zur Familie Roth. Diese baut im 16. Jahrhundert das Schloss, das bis 1800 im Besitz der Familie blieb. Auch dieses Schloss war möglicherweise Quartier war von Napoleon I., bevor es dann in den Besitz der Ulmer Familie Kispert kam und zum Standort einer Zuckerproduktion und einer Brauerei wurde. Und auch danach gab es verschiedene Eigentümer und Nutzungen; heute befinden sich darin (offensichtlich exklusive) Wohnungen.

Wer den Ulmer Winkel zu Fuß erkunden will, geht mit unseren Wanderungen 2 bis 4 richtig. Und neben den hier beschriebenen Schlössern und Kirchen gibt es noch viel Interessantes in der hügeligen Landschaft zu entdecken.

▼ Kirche (links) und Schloss in Reutti

Weißenhorn, Roggenburg und Tal der Roth

Ob Weißenhorn, die Roggenburg und das Tal der Roth noch zum Ulmer Winkel gehören, kann man sicher diskutieren. Aber wir wollen großzügig sein und diese Orte einfach mal dazu nehmen, zumal diese viel Interessantes bieten und Ausgangspunkte schöner Wanderungen sind.

Weißenhorn, dessen neuzeitliche Besiedlung ab dem 12. Jahrhundert begann, hat einen schönen mittelalterlichen Kern. Ursprünglich war sie im Besitz der Herren von Neuffen. Nach deren Aussterben kommt die Stadt an die Herzöge von Bayern, die sie ständig beleihen und an andere verpfänden. 400 Jahre später kam sie in den Besitz von König Maximilian, der diesen an Jakob Fugger überträgt. Das alte (‚Neuffenschloss') und das neue Schloss (‚Fuggerschloss') erinnern an jene Zeit.

▼ Flügelaltar und Sakramentshaus in der Kirche von Reutti

Die Fugger unterstützten die lokale Barchentweberei (der dazu notwendige Flachs stammte auch aus dem Ulmer Winkel) und machten Weißenhorn zu einer blühenden Handelsstadt und den Ulmern somit große Konkurrenz. 1806 kam Weißenhorn zurück an Bayern. Später stürzte ein Teil der Stadtpfarrkirche ein, so dass diese neu aufgebaut werden musste. Lohnenswert ist ein Stadtrundgang, bei dem die Kirche, die Schlösser, einige Stadttore und Türme der ehemaligen Stadtbefestigung sowie einzelne Kleinode wie das Stadttheater zumindest von außen angeschaut werden können.

Weißenhorn ist auch Ausgangspunkt einer abwechslungsreichen Wanderung zum Kloster Roggenburg. Dieses wurde im 12. Jahrhundert als Prämonstratenserstift gegründet, wurde bald Probstei, später Abtei und reichsunmittelbar. Die barocke Klosterkirche hat mit dem Hochaltar, zahlreichen Seitenaltären und Deckengemälden eine überwältigende Ausstattung. Neben der Kirche befinden sich das Schloss und die besuchenswerte Roggenschänke. 1802 wurde das Kloster aufgehoben und fiel an Bayern.

Aber nicht nur das Kloster, sondern auch dessen weitere und engere Umgebung sind sehenswert. Und so kommen Sie auf unserer ***Wanderung 6*** auch zur Wannenkapelle, den Klosterweihern, einem alten Pumpwerk zur Wasserversorgung des Klosters und einem früheren Werk der Turmuhrenfabrik Philipp Hörz.

Oberes Tor und Rathausturm ▲

▼ Fuggerschloss in Weißenhorn

Das Kloster Roggenburg von außen ▲

▼ ... und von innen

Zu einer Sehenswürdigkeit ganz anderen Charakters führt die ***Wanderung 5***. Im Bibertal zwischen Biberachzell und Oberhausen liegt unweit von Weißenhorn der Garten von Marzellus. Kreiert und ausgebaut wurde und wird dieser Garten von Marzellus Hampp und Tran le Thang (‚Lee'). Angelegt ist er auf 1,5 ha; ausgestattet ist er mit Teichen, Bachläufen, Brücken, kleinen Wasserfällen, Wald, Wiesen und Plätzen. Dazu kommen zahlreiche Skulpturen, ein japanisches Teehaus, die überall verteilten Verse, Gedichte, Sinnsprüche und vieles mehr. Genug, um mehrere Stunden lang viele Eindrücke zu sammeln.

▼ Im Garten von Marzellus

Wiblingen und die Grafen von Kirchberg

Die Grafen von Kirchberg waren zu ihrer Zeit ein wichtiges schwäbisches Adelsgeschlecht in der Region und haben im Ulmer Winkel viele nachrangigen Lehen an den niederen Adel und die Bürger Ulms vergeben. Sie waren so auch die mittelbaren Gründerväter der hier beschriebenen Schlösser. Ihr Stammsitz war wahrscheinlich in Unterkirchberg; im 11. Jahrhundert stifteten sie das Kloster Wiblingen. Wenig später teilten sie sich in verschiedene Linien auf; es folgten Niedergang (Verschuldung, Einzug der Herrschaft und Verpfändung) und Aussterben. Danach übernahmen die Fugger den Titel und nannten sich danach ‚Grafen von Kirchberg und Weißenhorn'.

▼ Das ehemalige Kloster Wiblingen

mit seiner spätbarocken Basilika ▲

▼ Der Bibliothekssaal des Klosters Wiblingen

Das Kloster Wiblingen blieb aber eines der Zentren der Region. Im 18. Jahrhundert entstanden die Basilika und der benachbarte Bibliothekssaal, die bis heute bedeutende Zeugen des Spätbarocks bzw. des frühen Klassizismus sind. 1806 wird das Kloster wie viele andere aufgehoben.

In der kurzen ***Wanderung 1*** werden das ehemalige Kloster und seine Umgebung erkundet.

2 Noch ziemlich frisch: Das Biosphärengebiet ‚Schwäbische Alb'

Wie es dazu kam

Das Biosphärengebiet Schwäbische Alb ist noch ziemlich jungen Datums – auch im Hinblick auf die knapp 200 Millionen Jahren, die die Schwäbische Alb zu ihrer Entstehung brauchte.
Die ersten Ideen für das Biosphärengebiet gehen auf das Jahr 1991 zurück; die Realisierung konnte mit der Aufgabe der militärischen Nutzung des früheren Truppenübungsplatzes bei Münsingen (TrÜbPl) beginnen. 2006 wurde es konkret, und dann ging alles recht schnell. Im Januar 2008 wurde es als Biosphärengebiet des Landes Baden-Württemberg eingerichtet; seit Mai 2009 ist das Gebiet auch als Biosphärenreservat der UNESCO anerkannt.
Es umfasst eine gesamte Fläche von 853 km^2, die in einem Zonenkonzept aufgeteilt ist. 3% der Fläche umfasst die ‚Kernzone', in der eine Entwicklung (fast) ohne menschliche Beeinflussung stattfinden soll. 42% entfallen auf die Pflegezone, in der das Motto ‚Schützen durch Nützen' gilt und 55% sind Entwicklungszone, in der der ‚wirtschaftende Mensch' im Vordergrund steht.

Der ehemalige Truppenübungsplatz Münsingen

Der ehemalige TrÜbPl Münsingen ist in mehrfacher Hinsicht der Kern des Biosphärengebiets. Seine Gründung im damaligen Königreich Württemberg erfolgte 1895. Davor gab es ab 1860 im Brühltal unterhalb der Burgruine Hohenurach einen Schießplatz, auf dem auf 1000 Schritt (entspricht 750 m) schießen geübt werden konnte. Dieser wurde aber bald zu kurz und zu klein.
Nach dem 1. Weltkrieg gab es kaum eine Nutzung; diese nahm aber am Ende der 20er Jahre allmählich zu. Mit der militärischen Aufrüstung in der Zeit des Nationalsozialismus steigt das Interes-

se am TrÜbPl, und er wird erweitert. Nach dem 2. Weltkrieg wurde er Teil der französischen Besatzungszone und durch die französische Armee genutzt. Mit der Wiedervereinigung Deutschlands erfolgte die Übergabe des Platzes an die Bundeswehr; 2004 endete die militärische Nutzung. Mitten im TrÜbPl liegt das Dorf Gruorn. Es war eine alte Ortschaft (erste Erwähnung 1055) mit zuletzt etwa 700 Einwohnern. Nach der ersten Räumung 1939 wurde die Ortschaft zur Übung von Häuserkämpfen ‚benutzt'. Nach dem 2. Weltkrieg lebten noch bis zu 30 Familien in den stark beschädigten Häusern bis zur endgültigen Räumung. Heute sind nur noch Kirche und Schulhaus (Museum) erhalten. Nach Gruorn kommen wir auf unserer ***Wanderung 12***.
Auch vier Beobachtungstürme des Schwäbischen Albvereins sind im ehemaligen TrÜbPl besteigbar und ermöglichen eindrucksvolle Ausblicke in die Landschaft. Am höchsten ist mit 42 m der Turm Hursch.

▼ Die Überreste des Dorfes Gruorn

Die besonderen Merkmale

Ein durch die UNESCO anerkanntes Biosphärengebiet muss auch verschiedene besondere Merkmale aufweisen. Im Fall des Biosphärengebiets Schwäbische Alb sind dies Hang- und Schluchtwälder, Magerwiesen und Wachholderheiden sowie Streuobstwiesen.
Hang- und Schluchtwälder sind seltene Waldtypen, die kleinflächig an besonderen Standorten vorkommen, wie z.B. an den ‚Steillagen' des Albtraufs oder in tief eingeschnittenen Seitentälern. Sie sind sehr artenreich, und man findet viele seltene Pflanzen-. und Tierarten. Ein weiteres besonderes Merkmal sind Magerwiesen und Wacholderheiden. Eine typische Nutzung erfolgt durch Wanderschäferei; besonders arten- und blütenreich sind diese auf kalkreichen Böden ohne Düngung (z.B. im TrÜbPl). Und last-not-least sind auch die Streuobstwiesen ein besonderes Merkmal des Biosphärengebiets Schwäbische Alb. Es ist eine traditionelle Form des Obstanbaus, die eine große kulturelle, landschaftsprägende

▼ Hang- und Schluchtwald

... mit einem Beispiel der dortigen Artenvielfalt ▲

▼ ... mit dem Klassiker der Schwäbischen Alb

und ökologische Bedeutung hat. Genutzt werden Streuobstwiesen sowohl ‚oben' (Erzeugung bzw. Herstellung von Obst, Most, Obstbränden) als auch ‚unten' (als Grünland oder Viehweide. Oft findet man eine Verbindung mit Imkerei, und Streuobstwiesen sind ein Lebensraum für viele Tierarten. Man findet sie überwiegend in Süddeutschland, Österreich und der Schweiz. Die ausgedehntesten Bestände bietet die Schwäbische Alb.

Auch Weinanbau findet im Biosphärengebiet Schwäbische Alb statt. Diesen gibt es vor allem in dessen nordwestlichen und nördlichen Bereich entlang des Albtraufs, z.B. an der Limburg sowie rund um Neuffen und Metzingen.

Das ‚Biosphärenzentrum Schwäbische Alb' ist seit 2010 in zwei renovierten Gebäuden des Alten Lagers in Münsingen untergebracht. Hier kann man auch mehr über die weltweiten Biosphärenreservate, den ehemaligen TrÜbPl Münsingen und viele andere interessante Dinge erfahren. Weitere Informationszentren des Biosphärengebiets befinden sich z.B. in Hütten (Schelklingen) und Lauterach; Infos: https://www.biosphaerengebiet-alb.de/. Nachlesen kann man Einiges z.B. in [4]. Näher kennen lernen können wir das Biosphärengebiet mit seinen besonderen Merkmalen auf vielen Wanderungen dieser Schrift.

▼ Wacholderheide

.Blühende Streuobstwiese vor der Limburg ▲

▼ Vor dem Biosphärenzentrum in Münsingen

Täler, Burgen und verschieden hoher Adel

Die landschaftlichen und kulturellen Highlights des Biosphärengebiets lassen sich vielleicht am besten über die verschiedenen Täler kennen lernen, die auch immer wieder von Burgen und Ruinen überragt werde. Und dementsprechend gibt es auch viele, teilweise auch schon ausgestorbene Adelsfamilien.

Das ‚Große Lautertal'

Das wohl bekannteste (und leider auch am besten besuchte) Tal im Biosphärengebiet ist ohne Zweifel das Große Lautertal. Wanderer, Kanuten sowie Rad-, Motorrad- und Autofahrer teilen sich vor allem an Wochenenden bei schönem Wetter auf begrenztem Raum Tal, Wasser und Wege.

▼ Am Lauterursprung in Offenhausen

Der Ursprung der Lauter liegt bei Offenhausen hinter dem Gestütshof. Von dort fließt sie über Marbach, Buttenhausen, Hundersingen, Bichishausen, Gundelfingen und Anhausen, bevor sie hinter Lauterach in die Donau mündet.

Bekannt ist die Große Lauter auch durch eine Vielzahl von Burgen und Burgruinen. Zu diesen gehören natürlich eine große Zahl adeliger Familien, und die Besitzverhältnisse änderten sich schnell und oft, so dass man hier schon mal leicht den Überblick verliert.

Lauterabwärts finden wir zunächst die Ruine Hohenhundersingen, die um 1100 von der Familie von Hundersingen erbaut und im Bauernkrieg zerstört wurde. Weitere Besitzer waren seit dem 14. Jahrhundert die Grafen von Württemberg und die Herren von Bichishausen.

Der Ort Bichishausen folgt wenige Kilometer später, und hier beginnt es von Burgen zu wimmeln. So folgt die Ruine Bichishausen, die im 13. Jahrhundert vermutlich von Swigger IV. von Gundelfingen erbaut wurde. Sie kam dann in den Besitz der Truchsesse von

▼ Die Ruine Bichishausen

Bichishausen, und nach dem Tod des letzten dieses Geschlechts erwarben die Truchsesse von Magolsheim die Burg. Diese vererbten die Burg 1510 an die Familie von Buttlar. Nach deren Aussterben verfiel die Anlage allmählich. Als Besitzer folgten die Familie von Vellberg, dann die Helfensteiner und schließlich im 17. Jahrhundert die Fürsten von Fürstenberg. Danach wurde die Burg zerstört. 1923 gelangte die Burg in Privatbesitz und 1972 ganz profan an den Landkreis Reutlingen.

Wir hoffen inständig, dass wir niemanden vergessen haben; falls doch, bitten wir alleruntertänigst um Vergebung.

In Bichishausen erinnert noch eine alte Zollstation an der früheren Grenze zwischen Württemberg (gelb-schwarz) und Fürstenberg (rot-weiß-blau) an die Kleinstaaterei vergangener Zeiten.

Und Schlag auf Schlag geht es weiter; es folgen Hohengundelfingen und Niedergundelfingen.

Hohengundelfingen gilt als Stammburg des Freiadelsgeschlechtes der Gundelfinger. Swigger IV. von Gundelfingen (den hatten

▼ Alte Zollstation in Bichishausen

Die Ruine Hohengundelfingen ▲

▼ Burg Niedergundelfingen

wir schon mal) ist wahrscheinlich der Erbauer dieser Burg, die Anfang des 13. Jahrhunderts zum ersten Mal erwähnt wird. Beginnend mit einer Erbteilung begann wenig später der Niedergang der Gundelfinger, und die Burg wird an die Habsburger verkauft. In der Folge hatte sie viele verschiedene Besitzer und wurde auch oft verpfändet (viele Adelsfamilien litten unter notorischem Geldmangel).
Im 18. Jahrhundert kaufte die Familie von Landsee die Burg und verkaufte sie sofort für den 12-fachen Betrag an den Reichsgrafen von Palm (rentable Immobilienspekulationen gab es wohl auch schon damals). Von Palm wurde in den Reichsfürstenstand erhoben und nannte sich nach ihrer reichsunmittelbaren Herrschaft bis 1805 auch Palm-Gundelfingen. 1805 ging die Reichsunmittelbarkeit der Familie verloren, und die Hoheit über Hohengundelfingen gelangte an das Haus Württemberg, die auch wenig später die Königswürde im Land übernahm. Die Fürsten Palm verkauften später die Burg an den Freiherrn von Gumppenberg-Pöttmös. 1939 erwarb ein Neu-Ulmer Fabrikant (Hans Römer) die Burg und setzte sie später auch instand. Ein Besuch der Anlage ist, auch wegen des Ausblicks auf Lautertal und Niedergundelfingen, lohnend.

In Niedergundelfingen entstand wohl im 11. Jahrhundert eine erste Burg, die knapp 200 Jahre später von einem Ritter Swigger IX. de Novogundelfing erweitert wurde. Ab dem 15. Jahrhundert erlebte auch diese Burg zahlreiche Besitzerwechsel, bis sie letztlich und bis heute in Privatbesitz gelandet ist. Sie kann nur von außen besichtigt werden. Daneben liegt die St. Michael Kapelle.
Es folgt die Burg Derneck. Sie wurde im 14. Jahrhundert durch Degenhard von Gundelfingen erbaut. Nach dem Aussterben der Gundelfinger von Derneck bekam auch diese Burg verschiedene Besitzer, bis sie im 18. Jahrhundert durch das Haus Fürstenberg gekauft wurde. Im 19. Jahrhundert gelangte die Burg an Württemberg und wurde als Forstwohnung genutzt. 1968 wurde sie zu einem Wanderheim des Schwäbischen Albvereins umgebaut und ist dies bis heute.

Als nächstes gelangt man zur Schülzburg, die oberhalb von Anhausen liegt. Ein Ritter von Stadion lies die Burg im 14. Jahrhundert erbauen. Über die Herren von Freyberg gelangte sie an die Grafen von Württemberg, die sie zunächst an die Grafen von Kirchberg und später an die Herren von Speth verpfändeten. Diese errichteten im 17. Jahrhundert ein neues Schloss; allerdings wurde Ende des 19. Jahrhunderts die gesamte Anlage durch Brand zerstört und nicht wiederaufgebaut.
Eine Steinwurfweite (vorausgesetzt man ist stark genug) entfernt liegt auf der anderen Seite der Lauter die Maisenburg, die im 12. Jahrhundert erbaut wurde. Besitzer waren die Herren von Maisenburg, die Herren von Gundelfingen und die Herren von Speth, die die Burg bis 2003 besaßen. Die eigentliche Burg ist verfallen; die Vorburg wird bis heute im Privatbesitz genutzt und beherbergt auch Ferienwohnungen.

Weiter geht es mit den Burgen Wartstein und Monsberg. Wartstein wurde im 12. Jahrhundert von den Herren von Wartenstein erbaut und später an die Herzöge von Bayern verkauft. Ende des 15. Jahrhunderts werden beide Burgen zerstört. Kurz danach wurde die Ruine Wartstein Eigentum von Hans Speth von Granheim, im 19. Jahrhundert der Gemeinde Erbstetten. Unweit davon liegt die Ruine Monsberg. Im 13. Jahrhundert von den Herren von Monsberg erbaut gelangte sie über viele Ecken im 19. Jahrhundert auch an Erbstetten.
Und jetzt haben wir es fast geschafft. Als letzte Burgruine folgt Reichenstein (erbaut in der Stauferzeit) oberhalb der Laufenmühle. Von ihr wurde der Bergfried instandgesetzt, der heute als Aussichtsturm dient. Danach sind es noch wenige Kilometer bis zur Mündung der Großen Lauter in die Donau. Kurz vorher muss diese in einem Kraftwerk (siehe ***Wanderung 16***) aber noch einmal kräftig arbeiten.
Kennenlernen können wir das Große Lautertal mit einigen seiner Burgen auf der ***Wanderung 14***.
Die vielen Burgen sind auch das Thema des ‚Burgenwegs' des Schwäbischen Albvereins. Dieser begleitet das Große Lautertal

Burg Derneck ▲

▼ Die Ruine der Maisenburg

von Hundersingen bis zur Mündung und ist auch ausführlich in einem Buch [4] beschrieben.
Aber es gibt im Großen Lautertal nicht nur landschaftlichen Schönheiten, sondern auch ein dunkles Kapitel. Dies betrifft das Schloss Grafeneck unweit Marbach und Buttenhausen.

Das Schloss Grafeneck wurde von den Herzögen von Württemberg errichtet und erweitert. Nach dem Bau des Ludwigsburger Schlosses verloren die Württemberger allmählich ihr Interesse an dem Bau. 1929 kaufte die Samariterstiftung das Schloss und richtete ein Heim für Behinderte ein. In der Zeit des Nationalsozialismus entstand dann eine Tötungsanstalt, in der 1939 und 1940 fast 11.000 behinderte Menschen ermordet wurden.
In Buttenhausen bestand früher eine große jüdische Gemeinde. Ende des 19. Jahrhunderts war rund die Hälfte der Bevölkerung jüdischen Glaubens. Um 1800 wurde eine Synagoge gebaut, die in der Reichsprogromnacht 1938 zerstört wurde. Das Rabbinats-

▼ Der jüdische Friedhof in Buttenhausen

haus und der jüdische Friedhof sind noch erhalten. Von den im Ort verbliebenen Juden wurden viele nach Riga und Theresienstadt deportiert und dort ermordet.
Die ***Wanderung 13*** verbindet diese beiden Orte.

Hasenbach und Zwiefalter Ach

Etwas weniger geschichtsträchtig geht es in diesen beiden Tälern her, wobei wir auch hier viel Interessantes finden
Der obere Teil des Hasenbachtals ist wahrscheinlich eher unter dem Namen Glastal bekannt. Ursprung und Wasserführung des Hasenbachs variieren je nach der Niederschlagssituation deutlich. Am Eingang zum Schweiftal mit dem Weg nach Hayingen liegt die Ruine Alt-Ehrenfels (ganz ohne Burgen geht es auch hier nicht). Diese wurde im 13. Jahrhundert von Dienstleuten der Gundelfinger, die sich den Beinamen ‚Ehrenfels' gaben, erbaut und nach einigen Besitzwechseln an das Kloster Zwiefalten verkauft. Mit zunehmendem Verfall soll sich die Burg als Stützpunkt für Räuber entwickelt haben und wurde deswegen im 16. Jahrhundert auf Befehl eines Zwiefalter Abtes zerstört. Der Weg hinauf ist etwas beschwerlich und erfordert Trittsicherheit. Kurz darauf bildet der Hasenbach einen kleinen, an einem Felsen gelegenen See.
Es folgt das Schloss Ehrenfels, das von einem Zwiefalter Abt als Sommersitz erbaut wurde. Mit der Säkularisation kam das Schloss an Württemberg. Es wurde vom Herzog an seinen Staatsminister Freiherr von Normann als Dank für die erfolgreichen Verhandlungen mit Napoleon verschenkt. Bis 2015 war was Schloss im Besitz dieser Familie. Heute gehört es einer Stiftung und kann für Veranstaltungen genutzt werden.
Der Hasenbach fließt weiter Richtung Friedrichshöhle (Wimsener Höhle). Kurz bevor er diese erreicht, bildet er am Wimsener Wasserfall schöne Kalksinterterrassen. In der Friedrichshöhle befindet sich der Ursprung der Zwiefalter Ach, die hier auch den Hasenbach mit aufnimmt.
Vereinigt mit dem Hasenbach fließt die Zwiefalter Ach über Gossenzugen nach Zwiefalten. Dort passiert sie die ehemalige Abtei

Der kleine ‚Hasenbachsee' ▲

und das Pumpwerk der Albwasserversorgung, bevor sie ihren Weg nach Zwiefaltendorf fortsetzt.

Dort beherbergt die Zwiefalter Ach zunächst die Forellen eines bekannten Brauereigasthofs. Dann muss auch sie in einem Sägewerk nochmal schwer arbeiten, bevor sie am Schloss Zwiefaltendorf in die Donau mündet. Hier war früher eine Wasserburg; das heutige Schloss entstand wohl Anfang des 17. Jahrhunderts. ZU den früheren Besitzern zählen die Familien Speth und die Freiherrn von Bodman. Heute ist es in Privatbesitz und wird wie Ehrenfels für verschiedene Veranstaltungen genutzt.

In Zwiefaltendorf ist das Ende der ***Wanderung 19*** in diesem Band; in Band 1 beschreibt die ***Wanderung 14*** den Abschnitt zwischen Hayingen und Zwiefalten.

Kalksinterterrassen am Wimsener Wasserfall ▲

▼ Am Eingang zur Friedrichshöhle

Klosterkirche in Zwiefalten ▲

▼ Das Schloss in Zwiefaltendorf

Das Schmiechtal

VAusgehend vom Schmiechursprung (oberhalb von Gundershofen) bis Schmiechen liegt auch das Tal der Schmiech im Biosphärengebiet. Es spielt auch für die Albwasserversorgung eine gewichtige Rolle und nimmt daher auch in Band 1 großen Raum ein. Und auch hier geht es nicht ohne Burgen ab.
Der Schmiechursprung liegt fast unmittelbar neben der Kreisstraße Richtung Böttingen und ist in jedem Fall einen kurzen Abstecher wert. Vom Ursprung fließt die Schmiech über Gundershofen und die malerisch morbide Riedmühle nach Hütten.
Oberhalb von Hütten befindet sich die Ruine von Hohenjustingen. Dies war eine Burg der Herren von Justingen aus dem gleichnamigen Ort nahe Hütten. Anselm von Justingen machte unter dem Stauferkaiser Friedrich Karriere, weswegen sich vor der dortigen Kirche auch eine Stauferstele befindet. Nachdem das Geschlecht der Herren von Justingen 1343 ausstarb, ging die Burg den üblichen Weg durch viele Besitzwechsel. 1751 gingen die große

▼ Der Schmiechursprung

Die Riedmühle bei Sondernach ▲

▼ Die Schlosskapelle von Hohenjustingen

Schlossanlage und -güter an den Herzog von Württemberg über, der dort eine Merinoschafzucht anlegte. Knapp 100 Jahre später wurde das Schloss an Hütten auf Abbruch verkauft. Ein Teil der Kellergewölbe wurde vor einigen Jahren durch private Initiative instandgesetzt; gelegentlich gibt es dort auch Führungen.
Die kleine Kapelle des Schlosses befindet sich nahe der Schlossruine in Richtung Justingen. Allzu viele Kirchgänger scheint es dort wohl nicht gegeben zu haben.

Alte Ansicht des Schloss Justingen ▲

In Hütten gibt es auch ein Heimatmuseum sowie das Informationszentrum Schelklingen-Hütten des Biosphärengebiets (www.infozentrum-huetten.de).
Weiter schmiechabwärts folgt bald Talsteußlingen mit seinem ehemaligen Gasthof Löwen, der dem Dichter Victor von Scheffel als Urlaubsort diente. Daneben liegt die frühere Bannmühle mit ihrem getrennt aufgestellten Mühlrad.
Oberhalb von diesem Ort liegt das Schloss Neusteußlingen, dessen Geschichte im 12. Jahrhundert beginnt. Zunächst war es eine Burg; 400 Jahre später wurde es zu einem Schloss umgebaut und im 19. Jahrhundert zum Abbruch verkauft. Ein Ulmer Verleger erbarmte sich des Schlosses und erbaute einen schlossähnlichen Landsitz. Bis heute ist Neusteußlingen Privatbesitz und kann nicht besichtigt werden.
Kurz danach kommen wir nach Weilersteußlingen. Hier befindet sich das erste Pumpwerk der Albwasserversorgung, das auch besichtigt werden kann.

Mühlrad der früheren Bannmühle ▲

▼ Das erste Pumpwerk der Albwasserversorgung

Die letzte Burg oberhalb des Schmiechtals im Biosphärengebiet liegt etwas versteckt nördlich der Schmiech. Die Burg Muschenwang wurde irgendwann Ende des 12. Jahrhundert als Vorposten für (später so genannte) Herren von Muschenwang – Dienstmannen der Burg Hohenschelklingen – erbaut. Sie landete später im Eigentum des Klosters Urspring und wurde bereits Ende des 16. Jahrhunderts abgetragen. Die Burgstelle ist heute – vorsichtig gesagt – unspektakulär und kaum zu erkennen.
1586 errichtete das Kloster Urspring unweit der Burg ein Hofgut, für das wohl die Steine der Burg verwendet wurden. Zweck dieses Hofguts war die Bewirtschaftung der Felder auf der Albhochfläche. Das Kloster vergab bis 1806 das Hofgut als Lehen. Ende das 19. Jahrhunderts wurde es an das Königliche Forstamt in Blaubeuren verkauft und bis ca. 1960 als Forsthaus genutzt. Heute ist es in Privatbesitz.
In [5] sind die Kindheitserinnerungen des späteren Forstdirektors Ottmar Schilling, der 11 Jahre mit seinen Eltern und seiner Schwester im Hofgut Muschenwang gelebt hat, nachzulesen.

▼ Hofgut Muschenwang

Urspring und Ach

In der Kürze liegt die Würze: Die Urspring hat ihren Ursprung am gleichnamigen ehemaligen Kloster und fließt dann durch eine Schleife der Urdonau. Sie ist ein äußerst kurzes Gewässer: Rund 500 m weiter mündet sie in die Ach, die ihrerseits auch nur wenige Meter vor dieser Einmündung entspringt.
Wir sind hier am äußersten Ostende des Biosphärengebiets. Besiedelt wurde diese Ecke wohl im 10.Jahrhundert; wenig später wurde hier ein Kloster errichtet, in das dann von St. Georgen im Schwarzwald Benediktinerinnen einzogen. Dieses hatte bis zur Säkularisierung 1806 Bestand. Heute ist in den Gebäuden ein Internat untergebracht.

Darstellung von Urspring aus dem 18. Jahrhundert

Damit wechseln wir von der Donauseite zur Neckarseite der Schwäbischen Alb.

Das Ermstal

Das Ermstal liegt von seinem Ursprung unterhalb der Trailfinger Schlucht (einem schönen Beispiel für einen Hang- und Schluchtwald) bis Metzingen (eher durch seine Einkaufsmöglichkeiten bekannt) im Biosphärengebiet.
Die Erms hat es schwer und muss von Beginn hart arbeiten. Bereits nach wenigen Kilometern treibt die Erms am Ortseingang von Seeburg ein kleines Kraftwerk an. Seeburg gehört zu Bad

Quelltopf der Urspring ▲

▼ Teil des früheren Kreuzgangs

Ermsursprung ▲

Urach, ist eine der ältesten Siedlungen im Umkreis und bietet einige Sehenswürdigkeiten. Dazu zählen die Johanneskirche aus dem 13. Jahrhundert mit sehenswerten Fresken, viele Gebäude aus Tuffstein, der hier in Seeburg reichlich vorkommt (in bis zu 34 m dicken Schichten!) und der fast 500 m lange Schickhardtstollen. Dieser wurde 1620 erbaut, um einen See, der durch die Tuffschicht aufgestaut wurde, entleeren zu können.
Hinter Seeburg kommen wir an Pumpwerken der Albwasserversorgung vorbei. Unweit von Urach folgt dann die Burg Hohenwittlingen aus dem 11. Jahrhundert, die nach vielen Besitzwechseln bei den Württembergern landete. Sie diente zeitweise als Gefängnis. Zunächst für ‚Ungläubige', später dann für allerlei Bösewichte. Heute ist sie vor allem wegen ihrer Aussicht über das Ermstal bekannt. Wenig später erreichen wir Bad Urach, das bereits im frühen Mittelalter bedeutsam war. Der heutige Ort wurde von den Grafen von Urach gegründet und landete später bei den Württembergern. Während der Württembergischen Teilung im 15. Jahrhundert war

Das Döblersche Kraftwerk in Seeburg ▲

Urach Residenz der Uracher Linie des Hauses Württemberg. Davon zeugt noch das Schloss, das auch ein interessantes Museum beherbergt. Das gesamte Ortsbild von Bad Urach ist noch gut erhalten und war Kulisse für mehrere Fernsehsendungen.

Oberhalb der Stadt liegt die Burg Hohenurach. Im 11. Jahrhundert wurde sie von den Grafen von Urach erbaut. Über die üblichen Verpfändungen und Verkäufe gelangte sie mit der Stadt an die Württemberger, die sie zu einer der sieben Landesfestungen ausbauten. Im 30-jährigen Krieg gab es eine Reihe von Belagerungen und Wirren, so dass die Bürger Urachs nach dem Krieg den Antrag stellten, die Festung zu sprengen. Dies besorgte dann ein Blitzschlag in den Pulverturm ein paar Jahrzehnte später. Damit verlor Hohenurach seinen militärischen Wert und fand dann als Gefängnis Verwendung. Im 18. Jahrhundert wurde sie aufgegeben und teilweise abgebrochen; hundert Jahre später wurde die von Gestrüpp überwucherte Ruine freigelegt und so auch für Besucher zugänglich.

Die Burgruine Hohenwittlingen ▲

▼ Schloss Urach (mit Turm der Armanduskirche)

Die Ruine Hohenurach ▲

In Richtung Metzingen öffnet sich das Ermstal. Auf der südlichen Seite des Tales führt unsere ***Wanderung 11*** zu Höllenlöchern und Wasserfällen.

Das Tal der Lenninger Lauter

Auch hier erwarten uns jede Menge Quellen und Burgen.
Die Lenninger Lauter entspringt in mehreren Quellen in und um Gutenberg und Schlattstall. Eine Quelle in Schlattstall ist das ‚Goldloch', in dem 1825 eine erfolglose Goldsuche stattfand. Zwischendrin gesellt sich noch der Donnbach dazu, der schöne Kalksinterterrassen ausbildet. Soweit zu den (wichtigsten) Quellen, nun zu den Burgen (zumindest mal zu jenen, bei denen noch etwas erkennbar ist). Folgen wir der Lauter abwärts, stoßen wir zunächst auf die Wielandsteine. Diese wurden ab dem 12. Jahrhundert von Dienstmannen der Herzöge von Teck erbaut. Nach den üblichen Besitzwechseln wurden sie im Bauernkrieg zerstört. Ein Felsrutsch hat vor einigen Jahren Teile der Burganlage unbegehbar gemacht.

Unterhalb der Wielandsteine gibt es in Oberlenningen im dortigen Schlössle ein sehenswertes Papiermuseum.

Nahe Unterlenningen finden wir die Diepoldsburg und die Sulzburg. Die Diepoldsburg wurde wohl im 13. Jahrhundert von den Rittern von Diepholdsburg erbaut. Sie wird auch Rauber genannt, was gewisse Rückschlüsse auf ihre Hauptnutzung zulässt. Nach den Bauernkriegen ist sie verfallen. Die Sulzburg wird im 14. Jahrhundert erstmals erwähnt. Auch sie wechselt mehrfach die Besitzer und wurde im 30-jährigen Krieg zerstört, aber danach wiederaufgebaut. Anfang des 18. Jahrhunderts war sie dann so stark verfallen, dass sie unbewohnbar wurde.

Der Star unter den Burgen im und um das Lenninger Tal ist aber sicher die Burg Teck, die zusammen mit Adelsgeschlecht und Titulatur Einiges zu bieten hat. Erstmals erwähnt wird sie im 12. Jahrhundert. Eine Seitenlinie der Zähringer übernahm deren Besitz in der Region und bezeichnete sich dann als Herzöge von Teck, wobei der Landbesitz für ein Herzogtum bemerkenswert

▼ Das Goldloch bei Schlattstall

Kalksinterterrassen im Donntal ▲

▼ Diepoldsburg oder auch Ruine Rauber

Innenhof der Burg Teck ▲

klein war. Eine Sternstunde des Herzogtums hätte 1292 stattfinden können. Der Herzog Konrad II. war ein Kandidat für die Königswahl, wurde aber auf dem Weg nach Frankfurt, wo die Wahl bestätigt worden wäre, ermordet. Einige Historiker glauben (und so mancher Bewohner der Region schwört Stein und Bein), dass Konrad schon gewählt war. Jedenfalls wurde er als gewählter König (‚Rex Electus') in Owen bestattet. Wegen Geldmangels mussten die Herzöge von Teck im 14. Jahrhundert ihre Burg verkaufen; wenig später starben sie aus. Den Herzogtitel übernahmen dann (äußerst dankbar) die Grafen von Württemberg.
Der alte Titel (die Württemberger waren zwischenzeitlich zu Königen aufgestiegen) blieb bestehen. Ein nicht ganz den Regeln entsprechend geborener Sohn Franz von Herzog Alexander (Neffe König Friedrichs) wurde von der Thronfolge ausgeschlossen, erhielt aber als Ausgleich den Titel eines Herzogs von Teck. Dieser Franz heiratete Prinzessin Mary, eine Enkelin des britischen Königs Georg III. Deren Tochter wurde die Ehefrau von König Georg

Die Quelle der Lindach ▲

V. und brachte den Titel so in die Titelsammlung des englischen Königshauses ein. Wie bedeutsam das für die königliche Familie heute noch ist, ist allerdings nicht bekannt.
Die Burg wurde in den Bauernkriegen zerstört. Ein geplanter Ausbau zu einer modernen Festung scheiterte. So blieb die Teck eine Ruine. Ende des 19. Jahrhunderts wurde ein Aussichtsturm mit einer Schutzhütte erbaut. 1941 übernimmt der Schwäbische Albverein die Anlage und errichtet ein Wanderheim, das vor einigen Jahren komplett renoviert wurde. Die Anlage ist ein markanter Punkt des Albtraufs und schon von weithin sichtbar. Sie erfreut sich, auch wegen der beeindruckenden Aussicht, großer Beliebtheit. Darunter befindet sich das sagenumwobene Sybillenloch; eine Höhle im Kalkstein.

Das Tal der Lindach

Die Lindach entspringt unterhalb der Burg Reußenstein. Die Burg wurde im 13. Jahrhundert von den Herzögen von Teck gegrün-

det; sie kontrollierte den Weg aus dem Neidlinger Tal auf die Schwäbische Alb. Der erste Besitzer verkaufte sie dann an seine Vettern mit dem Namen ‚Reuß', woher die Burg dann auch ihren Namen bekam. Nach wieder einmal etlichen Verpfändungen und Besitzwechseln gelangte die Burg dann 1806 dann an Württemberg und 1964 (wieder nach verschiedenen Besitzwechseln) an den Landkreis Nürtingen.
Die Lindach stürzt sich nach ihrer Quelle in einem kleinen, aber sehenswerten Wasserfall zu Tale und fließt weiter nach Neidlingen. Dort treibt sie eine Kugelmühle an. Kurz hinter Neidlingen verlässt sie das Biosphärengebiet. Nahe dessen nördlichem Ende liegt allerdings noch die Limburg oberhalb der Stadt Weilheim. Diese wurde im 11. Jahrhundert von den Zähringern erbaut, die dann allerdings in die Nähe von Freiburg umzogen. Den örtlichen Besitz vermachten sie dann einer Seitenlinie, die sich dann – wie dort erwähnt – die Herzöge der Teck nannten. Mit dem Ausbau der Burg Teck verlor die Limburg an Bedeutung, wurde aufgegeben und verfiel.

▼ Die Burg Reußenstein.

Künstlicher Storch in Munderkingen ▲

▼ Künstliche Störche in Riedlingen

3 Zwischen Störchen und Klöstern: Ein klitzekleines Eck Oberschwaben

Oberschwaben ist ja eigentlich ein umfangreiches Kapitel für sich. Da wir bei einigen unserer Wanderungen aber auch entlang der Donau einige Orte streifen, sollen auch diese kurz erwähnt werden.

Munderkingen

Erstmals erwähnt wurde Munderkingen im Jahr 792; 1230 erhielt es Stadtrecht. Wie Riedlingen wurde es an die Truchsessen von Waldburg verpfändet. Später gelang es, diese Pfandherrschaft wieder los zu werden und direkt in Vorderösterreich unterzukommen. 1805 kam Munderkingen an Württemberg. Die ***Wanderungen 16 und 20*** beginnen bzw. enden in Munderkingen, was Raum für eine Besichtigung der kleinen Stadt gibt, in denen Störche (echte und künstliche) eine große Rolle spielen.

Riedlingen

Eine ähnliche Geschichte teilt die Stadt Riedlingen, die erstmals 835 erwähnt wurde. Hier sind es die ***Wanderungen 17 und 20***, bei denen sich die eine Besichtigung der schönen Stadt anbietet. Störche sieht man auch reichlich; außerdem spielt Riedlingen eine gewichtige Rolle in der schwäbisch-alemannischen Fasnet.

Die Klöster

Die ***Wanderung 16*** streift bzw. endet in den beiden Klöstern Unter- und Obermarchtal. Das Schloss in Untermarchtal wurde im 19. Jahrhundert an die Ordenskongregation der Barmherzigen Schwestern verschenkt, die ihr Mutterhaus dorthin verlegten. 1972 wurde die Vinzenzkirche geweiht, die auch etwas Ähnlichkeit mit der berühmten Kirche in Ronchamp hat.

Die Gegend um Obermarchtal ist bereits seit dem 8. Jahrhundert Standort verschiedener Klöster. Die erfolgreichste Zeit begann im 15. Jahrhundert, als Marchtal zur Abtei erhoben und wenig später zur freien Reichsabtei wurde. Der Abt war auch im Reichstag vertreten. Im 30-jährigen Krieg wurde es schwer beschädigt; danach wurde eine neue Anlage errichtet, die im Stil von Barock und Rokoko ausgestattet wurde. 1802 wurde das Kloster säkularisiert und fiel an das bayerische Fürstenhaus Thurn und Taxis.

Der Bussen

Der Bussen ist einer der meistbesuchten Wallfahrtsorte Oberschwabens mit einer großartigen Aussicht. Er wird oft auch als Heiliger Berg Oberschwabens bezeichnet.
Schon ab dem 8. Jahrhundert gab es auf dem Bussen eine Kirche und eine Burg. Die Burg wurde von den Schweden im 30-jährigen Krieg zerstört; heute sind nur noch der Turm und ein paar eher klägliche Reste übrig.

1806 fiel der Bussen an Württemberg. Seit 1996 leben Franziskanerinnen vom Kloster Sießen auf dem Bussen, der bis heute mit dem Gnadenbild ein Wallfahrtsort vor allem für unerfüllte Kinderwünsche ist. Auf den Bussen kommen wir auf unseren ***Wanderungen 19 und 20***.

4 Die Wanderungen

Im Folgenden finden Sie 20 Wanderungen unterschiedlicher Länge und Schwierigkeit. Die gpx-Dateien zu allen Wanderungen finden Sie auf der Homepage des Schwäbischen Albvereins Ulm/Neu-Ulm (siehe QR-Code):

1 Entdeckungen entlang von Weihung und Iller
2 Ulmer Winkel: Schlösser Ulmer Patrizier (1)
3 Ulmer Winkel: Schlösser Ulmer Patrizier (2)
4 Durch die Täler von Roth und Leibi
5 Zum Garten von Marzellus
6 Von Weißenhorn zur Roggenburg
7 Wilde Täler an der Eyb
8 Hinauf zum Trauf
9 Maar, Moor und Mörike
10 Durchs schwäbische Pamukkale
11 Wasserfälle, Höllenlöcher und eine Ruine
12 Gruorn – ein (fast) vergessenes Dorf
13 Gegen Verbrechen und Vergessen
14 Burgen im ‚Großen Lautertal'
15 Kurze Runde um einen kurzen Fluss
16 Mystische Wasser und reichlich Strom
17 Der Hängegarten von Neufra
18 Auf den Spuren der Alblinse
19 Vom Bussen nach Zwiefaltendorf
20 Den Bussen von vorn und von hinten

Die gpx-Dateien zu allen Wanderungen finden Sie auf der Homepage des Schwäbischen Albvereins Ulm/Neu-Ulm (siehe QR-Code).

Iller

B 30

Wiblingen

Ziegelhütte

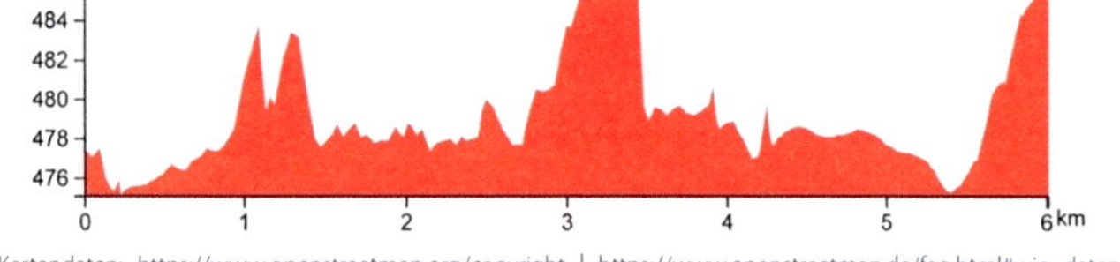

Kartendaten: https://www.openstreetmap.org/copyright | https://www.openstreetmap.de/faq.html#wie_daten_nutzen

1 Entdeckungen entlang von Weihung und Iller

Das Wichtigste in Kürze:

Start	Ulm (Wiblingen)
Ende	Ulm (Wiblingen)
Länge	6 km
Summe aller Anstiege	10 m
Summe aller Abstiege	10 m
Wanderkarte 1:35.000	von SAV/LGL; Blatt 27

Eine kurze und kaum anstrengende Wanderung für Langschläfer oder Lauffaule. Den Startpunkt der Wanderung erreichen wir mit der DING-Linie 4, in die wir an der Haltestelle „Ehinger Tor“ von den Linien 1, 2 oder 7 vom Ulmer Hauptbahnhof kommend umsteigen. Ausstieg und Start sind an der Haltestelle ‚Ostermahdweg‘ in Ulm-Wiblingen.

Im Frühling begleitet uns eine üppige Blütenpracht aus blauer Scilla, weißen Buschwindröschen, dottergelben Schlüsselblumen und Veilchen, später auch die Blütendolden des Hartriegels und alle anderen blühenden Sträucher. Zudem können wir ausgedehnte Flächen von Bärlauch und Winterschachtelhalm bewundern. Die unterschiedlichen abwechslungsreichen Landschaftsbilder sind aber auch zu allen anderen Jahreszeiten stimmungsvoll.

Bei der Nepomuk-Kapelle nahe dem Startpunkt überqueren wir einen Arm der Weihung, deren Wasser einst dem Betrieb von einer Mühle an der Platzmahd, einer Ölmühle und einer Schleifmühle dienten. Auch waren diese Wasser nützlich zur klösterlichen Fischzucht und als Brauwasser der bierbrauenden Mönche des Klosters Wiblingen. Bald danach geht es über den zweiten Arm der Weihung. Sobald rechts die Ostansicht des gewaltigen Wiblinger Klosterensembles sichtbar wird (Bild oben), biegen wir links ab. Der Waldweg führt uns direkt an die stark strömende Iller, der wir flussaufwärts bis zum Wegweiser nach Unterkirchberg folgen. Der Weg geht weiter Richtung Süden, vorbei an zwei Fischteichen. Bei der Holzbrücke rechterhand überqueren wir wieder die Weihung, die nördlich von Wiblingen am Wasserschutzgebiet ‚Rote Wand' in den Jahren 2002 bis 2003 vom Nebenfluss der Iller zum Nebenfluss der Donau umgebaut wurde. Der Weg steigt gering an, und beim nächsten Abzweig gehen wir nach rechts, bis wir den Wasserturm von Wiblingen in der Ferne sehen. Am Ende dieses Weges geht es wieder nach rechts. Wir steigen hinab zur Weihung und erreichen den malerischen Binsenweiher (Bild Mitte) mit seinen Teichbinsen. Im Wasser spiegelt sich die kleine Kapelle. Nach dem Albvereinshäusle (Bild unten), das für eine Einkehr kurz vor Schluss der Wanderung gut geeignet ist, überqueren wir nahe dem Wehr, an dem die Weihung geteilt wird, den kleinen Fluss. Der Weg führt uns durch den Wald bis linkerhand das Kloster Wiblingen wieder sichtbar wird. Wir gehen um das Kloster herum, queren den Klosterhof und beenden die Tour im vorgelagerten Lustgarten, dem ältesten zum Kloster gehörenden Garten, der mit seinen zahlreichen Apfelbäumen als Sinnbild des Paradieses gilt. Durch den Klostergarten hindurch Richtung Westen finden wir die Haltestelle ‚Pranger', von wo aus uns die DING-Linie 4 zurück nach Ulm bringt. Nach Umstieg am „Ehinger Tor" erreichen wir auch wieder den Hauptbahnhof Ulm.. Natürlich kann man diese kurze Wanderung gut mit einer Besichtigung der sehenswerten Klosterkirche sowie der Bibliothek verbinden. Und in der Nähe des Klosters finden sich gute Gaststätten oder je nach Geschmack und Witterung auch eine Eisdiele zur Einkehr.

Schlüsselhof
Metzgerhof
Lindenhof
hof
Marbach
Rosenberg
503
Jedelhausen
Werzlen
Gerlenhofen
Hausen
Mittelberg
544
m
510
500
490
480
0
2
4
6
8
10
km

2 Ulmer Winkel: Schlösser Ulmer Patrizier (1)

Das Wichtigste in Kürze:

Start	Neu-Ulm (Riedswirtshaus)
Ende	Neu-Ulm (Gerlenhofen)
Länge	11 km
Summe aller Anstiege	40 m
Summe aller Abstiege	40 m
Wanderkarte 1:35.000	von SAV/LGL; Blatt 27

Von Ulm erreichen wir vom dortigen ZOB mit der DING-Linie 77 über Neu-Ulm die Haltestelle ‚Riedswirtshaus', den Startpunkt unserer Wanderung.

Vom Riedswirtshaus halten wir uns halbrechts zum Metzgerhof. Wir gehen den Weg ein Stück weiter und gelangen nach mehreren Biegungen zum Plessenteich, an dem wir entlang gehen. Am Plessenteich befindet sich auch ein kleiner Beobachtungspavillon, in dem wir zahlreiche Hinweise über die Vogelwelt dieser einmaligen Riedlandschaft finden können. Wir wandern weiter am Teich entlang und nach diesem weiter geradeaus nach Jedelhausen. Am Ortseingang halten wir uns halbrechts und laufen weiter geradeaus, bis wir das dortige Schloss im Posthornweg auf der linken Straßenseite erreichen. Dahinter biegen wir scharf links ab und gehen weiter bis zum Mühlenweg, in den wir rechts einbiegen. Bei nächster Gelegenheit biegen wir wieder rechts ab und folgen dem ‚Haltegraben'. Links von diesem Weg liegt später ein kleiner, bewaldeter Höhenzug, an dessen Anfang die private Grabkapelle der Familie von Linden (Bild oben) liegt. Der Weg macht eine Biegung nach links oben. Dort angelangt wenden wir uns nach rechts und wandern an den Ortsrand von Hausen. Wir folgen der Straße durch den kleinen Ort. Zunächst kommen wir an der rechts der Straße gelegenen kleinen Ulrichskirche vorbei. Wenig später zweigt ebenfalls rechts ein kurzer Abstecher zum etwas versteckt liegenden ehemaligen Schloss (Bild Mitte) ab.

Wir folgen der Ortsstraße weiter, überqueren die Kreisstraße und wandern an einem Parkplatz vorbei geradeaus in einen Wald hinein. Diesem folgen wir eine Weile, bis wir nach ca. einem km nach rechts abbiegen und uns bergab Richtung ‚Häuserhof' orientieren. Auch dieser ist ein ehemaliger Patriziersitz (Bild unten).

Ulrichskirche in Hausen

Kurz danach erreichen wir die Kreisstraße, der wir links nach Gerlenhofen folgen. Gleich hinter dem Bahnübergang biegen wir links ab, folgen der Bahnstrecke ein Stück und gehen dann in einem Bogen nach rechts. Wir gehen an der Straße weiter und kommen auch an der Haltestelle ‚Frankenstraße' vorbei, die wir später für unsere Rückfahrt ansteuern.

Eine Einkehr ist im Gerlenhofener ‚Musikerheim' (mit Biergarten) möglich. Dazu gehen wir noch ein Stück weiter und biegen dann rechts zu diesem ab. Nach der Einkehr laufen wir wieder zur schon erwähnten Haltestelle zurück, von der uns die DING-Linie 73 wieder zurück über Neu-Ulm nach Ulm bzw. zu unserem Ausgangspunkt bringt.

Steinheim
A 7
Finningen
525
Holzh
Kugelberg
505
Schloßberg
513
Neubronn
Marbach
Reutti
Tiefenbach
m
520
510
500
490
480
470
0
2
4
6
8
10
12
km

3 Ulmer Winkel: Schlösser Ulmer Patrizier (2)

Das Wichtigste in Kürze:

Start	Neu-Ulm (Steinheim)
Ende	Neu-Ulm (Finningen)
Länge	13 km
Summe aller Anstiege	100 m
Summe aller Abstiege	100 m
Wanderkarte 1:35.000	von SAV/LGL; Blatt 27

Unsere Wanderung startet in Steinheim vom ZOB in Ulm mit der DING-Linie 88 erreichbar.

An der Haltestelle ‚Bauernstraße' steigen wir aus und gehen in die Bauernstraße zum dortigen Schloss mit Hinweistafel auf der linken Seite. Wir wandern durch die Bauernstraße bis zur Nikolauskirche. Von der Kirche folgen wir auf dem Fuß- und Radweg entlang der Burlafinger Straße bis zur nächsten Straßenkreuzung. Dort überqueren wir die Burlafinger Straße sowie die nach Finningen abzweigende Straße und laufen an der linken Seite dieser Straße ein kurzes Stück bis zum ersten kleinen Parkplatz. Hier zweigt ein Wanderweg, der mit ‚blauem Dreieck' markiert ist, nach links weg in den Wald. Weg und Markierung folgen wir jetzt eine Weile. Wenn wir aus dem Wald kommen und auf die Felder blicken, halten wir uns nach rechts und biegen an der nächsten Wegkreuzung nach links ab (Richtung Hahnenberg). Bei der nächsten Wegekreuzung halten wir uns kurz rechts. Am großen Strommasten der Überland-Hochspannungsleitung dann wieder links Richtung Wald ansteigend auf den Hahnenberg. Oben bietet sich uns eine schöne Aussicht auf die Umgebung. Wir laufen weiter bis zum Bildstöckl der Brauerfamilie und gehen dort links. Es geht über Treppen auf eine Wiese, über die Wiese zum Weg und dann nach links zur Holzheimer Mariengrotte (Bild oben). Wir wandern wieder zurück auf unseren Weg mit dem blauen Dreieck, dem wir auch durch Neuhausen folgen. Am Ortsende verlassen wir den markierten Weg und halten uns auf einer kleinen Straße (auf der aber kaum Verkehr ist) nach links. Nach einem rechten Bogen gelangen wir zu dem auf der rechten Seite liegenden Schloss und Hofgut Neubronn (Bild Mitte). Nach einem kurzen Schlenker dorthin wandern wir weiter auf der kleinen Straße bis zu einem kleinen Weiher, hinter dem das Schloss Tiefenbach liegt (Bild unten).

Vor dem Weiher biegen wir rechts ab und gehen an den Weihern vorbei, bis wir uns halbrechts auf einem Feldweg ansteigend Richtung Wald orientieren. Im Wald geht es an einer Wegspinne nach rechts. Wir kommen am Waldrand zu einem Kriegsgräberfriedhof, an dem wir (wieder mit blauem Dreieck) links nach Reutti abbiegen.

Es geht geradeaus auf das ehemalige Schloss zu. Vor diesem halten wir uns rechts, kommen an der Kirche vorbei, schlagen noch einen Haken und orientieren uns abwärts zum Ortsrand in den Auweg. Über die Felder wandern wir weiter zur Straße, die von Reutti nach Finningen führt und überqueren diese, um in das Bauernried zu gelangen. Wir folgen dem Weg bis zum ‚Landgraben', an dem wir in nördliche Richtung entlanglaufen. An einer Wegspinne geht es rechts Richtung Finningen weiter. Kurz vor dem Ortsrand wenden wir uns nach links und wandern in die Ortschaft hinein. Wir halten uns rechts und wieder links und gelangen zum Gasthaus Hirsch.

Hier ist unsere Schlusseinkehr möglich. Danach gehen wir noch ein kurzes Stück die Straße Richtung Neu-Ulm und finden dort gleich die Haltestelle ‚Angelweg'. Von ihr bringt uns die DING-Linie 78 wieder nach Neu-Ulm und Ulm bis zum ZOB zurück.

Hirbishofen
Volkertshofen
Diepertshofen
Holzschwang
Erbishofen
Hittistetten
Attenhofen
Witzighausen
Hegelhofen
Grafertshofen
Wasenlöcher

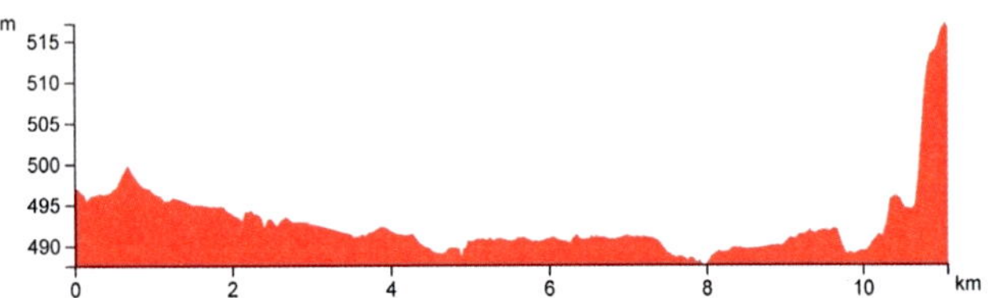

4 Durch die Täler von Roth und Leibi

Das Wichtigste in Kürze:

Start	Weißenhorn
Ende	Neu-Ulm (Holzschwang)
Länge	11 km
Summe aller Anstiege	40 m
Summe aller Abstiege	20 m

Zum Startpunkt der Wanderung in Weißenhorn gelangen wir mit dem Zug auf der DING-Strecke RS71 (‚Der Weißenhorner') über den Hauptbahnhof in Ulm.

Vom Bahnhof Weißenhorn machen wir zunächst einen Schlenker durch das alte Fuggerstädtchen mit seinen Sehenswürdigkeiten (Bild oben).

Danach wandern wir wieder Richtung Bahnhof und biegen dann rechts in die Schilleranlage ein. Wir folgen der Roth bis zur Ulmer Straße und überqueren diese und folgen jetzt einem schmalen Pfad immer an der Roth entlang, rechts davon liegt eine Kleingartenanlage.

Ein Stück nach der Kleingartenanlage gehen wir nach links über eine kleine Brücke, die uns über die Roth führt. Jetzt folgen wir der Richard-Wagner-Straße, bis rechts ein kleines Sträßchen nach Hegelhofen führt. Dort biegen wir ein und erreichen kurz danach eine Kirche. Kurz nach der Kirche kommen wir an eine Kreuzung. Dort biegen wir links ab in die Hegelhofer Straße und folgen dieser bis zum Ortsausgang zu einer Weggabelung. Hier halten wir uns rechts und folgen einem landwirtschaftlichen Weg bis zum Ortseingang von Attenhofen. Dort biegen wir rechts ab und erreichen bald danach eine Hauptstraße, der wir bis zum Gasthaus Hirsch folgen. Hier machen wir ausnahmsweise keine Schluss-, sondern eine Zwischeneinkehr (https://www.neumaiers-landhotel.de/restaurant/). Nach dem Wirtshausbesuch wenden wir uns nach rechts Richtung Kirche. Vor der Kirche gehen wir nach rechts in die St. Lorenz-Straße, die wir ca. 100 m bis zur Witzighauser Straße folgen, in der wir links einbiegen. Nach Überquerung der Roth sehen wir linker Hand die Engelhardmühle (Verarbeiter und Anbieter von Bioprodukten) liegen, die einen Abstecher lohnt. Wieder zurück sind wir auf dem Albvereinsweg, dem wir durch das Tal der Leibi bis Holzschwang folgen.

In Holzschwang können wir auch einen Blick auf das dortige Schloss werfen (Bilder Mitte und unten), bevor wir von der Haltestelle „Weidachstraße" mit dem Bus der DING-Linie 77 wieder nach Ulm und von dort weiterfahren können.

Achtung: Im Hochsommer ist diese Wanderung nicht zu empfehlen, da sie auf langen Strecken durch sonniges Gelände führt.

RATHAUS

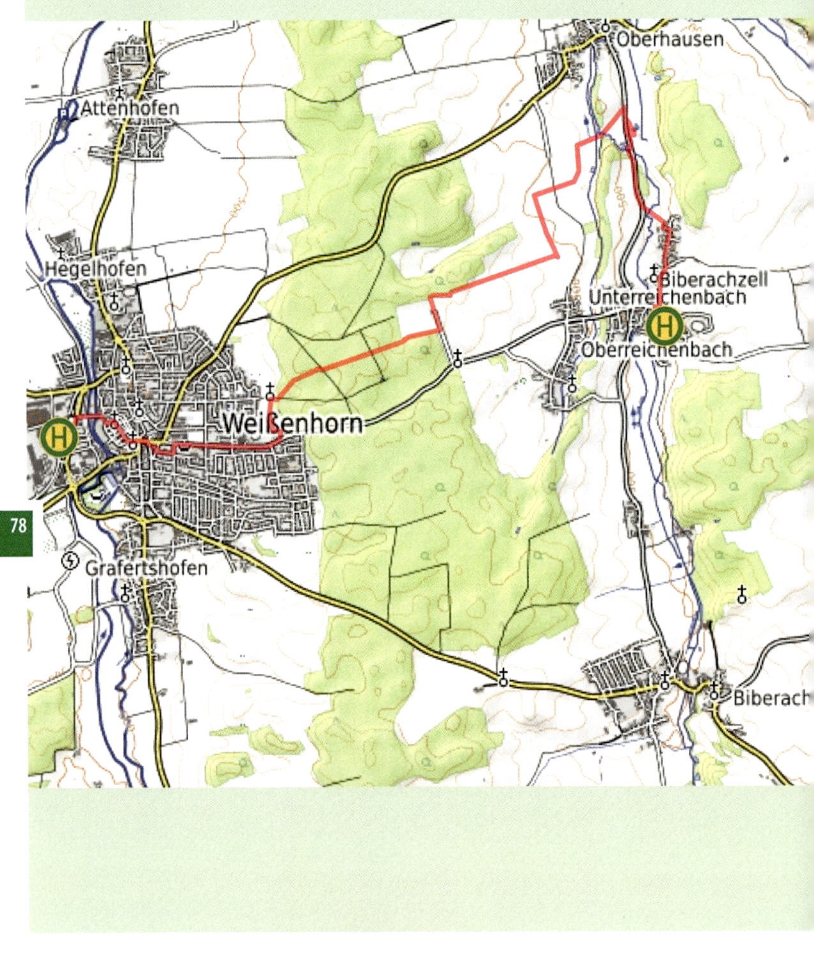

m
530
520
510
500
490
0 1 2 3 4 5 6 7 8 km

Kartendaten: https://www.openstreetmap.org/copyright | https://www.openstreetmap.de/faq.html#wie_daten_nutzen

5 Zum Garten von Marzellus

Das Wichtigste in Kürze:

Start	Weißenhorn
Ende	Weißenhorn (Biberachzell)
Länge	9 km
Summe aller Anstiege	50 m
Summe aller Abstiege	60 m

Wie bei der vorherigen Wanderung erfolgt die Anfahrt mit der DING-Linie RS71 (‚Der Weißenhorner') im Zug von Ulm nach Weißenhorn.

Vom Bahnhof durchqueren wir zunächst die sehenswerte Altstadt und gehen dann die ‚Reichenbacher Straße' hinauf, bis wir am Waldrand die Haltestelle ‚Waldfriedhof' erreichen. Bei dieser biegen wir links ab und wandern an der Lourdes-Kapelle (mit kleinem Kreuzweg) vorbei am Waldrand bis zur ‚14-Nothelfer-Kapelle'. Dort zweigen wir nach rechts ab, halten uns aber nicht auf dem großen Weg, sondern etwas links von diesem auf einem schmaleren Waldweg (Markierungen sind auf dieser Wanderung meist Fehlanzeige). Diesem folgen wir eine ganze Weile immer geradeaus, bis wir wieder auf eine Lichtung stoßen. Auch dort gehen wir geradeaus weiter. An der nächsten Einmündung biegen wir nach links zu einem Haus (‚Einöde Amerika'). Wir lassen Amerika links liegen und zweigen am Waldrand nach rechts ab. Ein kurzes Stück später verlassen wir diesen und folgen dem Weg durch Felder weiter Richtung geradeaus. Etwas weiter entfernt erkennen wir leicht links versetzt eine markante Baumgruppe. Kurz danach biegen wir links in einen Weg ein, der uns an eben dieser Baumgruppe vorbei weiter durch Felder in Richtung einer Ortschaft (Oberhausen) führt. Wir überqueren einen (meist trockenen) Bachlauf. Wenig später zweigt ein Weg nach rechts ab, dem wir in einem Bogen wieder Richtung Oberhausen folgen. Dessen erste Häuser in Sichtweite biegen wir rechts ab, überqueren zunächst den Reichenbach, halten uns links und überqueren kurz danach die Biber. Nach wenigen Schritten erreichen wir die Straße von Oberhausen nach Biberachzell. Nach deren Überquerung halten wir uns rechts und erreichen bald den Garten von Marzellus mit seinem markanten Eingang.

Wie lange wir uns hier aufhalten, hängt ganz von uns ab; es gibt viel zu entdecken (Bilder oben, Mitte und unten).
Zurück wandern wir zunächst ein Stück auf einem Weg neben der Straße nach Biberachzell. Links zweigt ein kleiner Trampelpfad mit einem ebenso kleinen Steg über die Biber ab. Hier überqueren wir die Straße und folgen diesem. Im Ort halten wir uns rechts, kommen an der Kirche vorbei und erreichen den Platz mit der Bushaltestelle. Die DING-Linien 812 und der Pfiffibus 1 (muss 1h vor Fahrtantritt gebucht werden) bringen uns nach Weißenhorn.
Einkehrmöglichkeiten gibt es dort, und durch die Stadt gelangen wir schnell wieder zum Bahnhof.

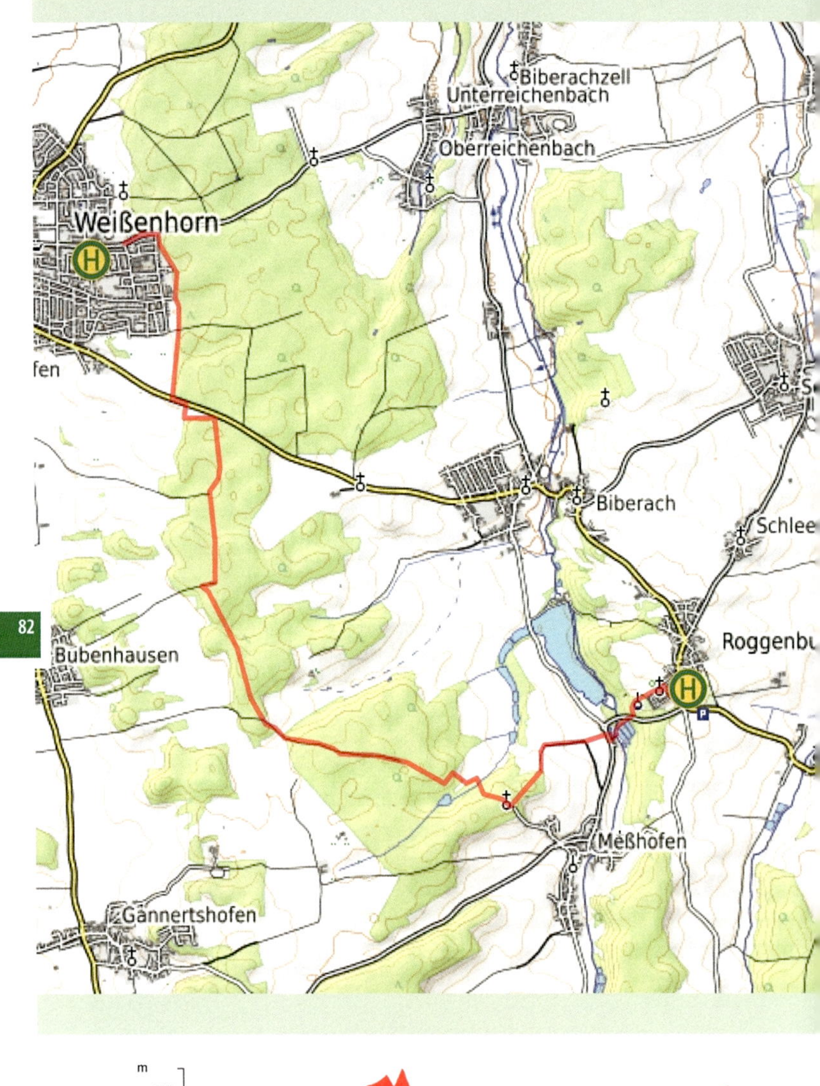
Biberachzell
Unterreichenbach
Oberreichenbach
Weißenhorn
fen
Biberach
Schlee
Bubenhausen
Roggenbu
Meßhofen
Gannertshofen

m
550
540
530
520
510
0
1
2
3
4
5
6
7
8
km

6 Von Weißenhorn zur Roggenburg

Das Wichtigste in Kürze:

Start	Weißenhorn
Ende	Roggenburg
Länge	9 km
Summe aller Anstiege	75 m
Summe aller Abstiege	50 m

Wie wir nach Weißenhorn kommen, haben wir schon in früheren Wanderungen gesehen, und Weißenhorn selbst kennen wir mittlerweile auch schon, so dass wir vom Bahnhof diesmal den Bus nehmen. Von der nahen Haltestelle bringt uns die DING-Buslinie 812 zum Start unserer Wanderung an die Haltestelle ‚Waldfriedhof'. Dort starten wir in südliche Richtung und wandern im Wald nahe dem Rand entlang. Wir kommen an einem Waldkindergarten und einem Biotop mit Teich vorbei und folgen diesem Weg, bis wir die Staatsstraße erreichen, der wir ein Stück nach links folgen und dann überqueren. Wir gehen dann ein Stück geradeaus und biegen hinter den Kleingärten links ab, bis wir wieder den Wald erreichen. Dort biegen wir nach rechts und wandern durch das ‚Baderholz' ein längeres Stück, bis wir rechts und kurz danach wieder nahe dem Waldrand links abbiegen. Weiter geht es immer dem Hauptweg folgend in südöstliche Richtung durch den Wald ‚Struchtholz'.

An dessen Ende gehen wir ein Stück über das Feld, bis wir kurz danach wieder links in den nächsten Wald, den ‚Tannenwald' abbiegen. Auch durch diesen wandern wir stets geradeaus, bis wir auch diesen wieder verlassen und am Waldrand einen ersten Blick auf das Kloster Roggenburg werfen können.

Wir orientieren uns jedoch nicht geradeaus zu den Weihern unterhalb des Klosters, sondern halten uns rechts Richtung Wannenkapelle. Diese ist eine Stiftung des Roggenburger Abtes nach dem 30-jährigen Krieg anlässlich dessen wundersamer Rettung vor den Schweden. Sie ist auch heute noch Gegenstand regelmäßiger Wallfahrten. An der Wannenkapelle halten wir uns nordöstlich und wandern in Richtung der alten Turmuhrenfabrik der Philipp Hörz GmbH nahe der Stiftweiher.

An Fabrik, Weiher und dem ehemaligen Pumpenhaus der klösterlichen Wasserversorgung gehen wir vorbei. Wir überqueren die Straße, halten uns rechts und erklimmen auf einer kurzen Steigung das Kloster, das innen und außen eine ausführliche Besichtigung wert ist (Bilder oben, Mitte und unten). Unsere Schlusseinkehr können wir im Klostergasthof oder der urigen ,Alten Roggenschenke' jenseits der Straße (und bei schönem Wetter auch in deren Biergärten) abhalten Von der nahen Haltestelle bringen uns die DING-Buslinie 812 wieder zurück zum Bahnhof in Weißenhorn und von dort wieder nach Neu-Ulm, Ulm bzw. unserem Ausgangspunkt.

Obere Roggenmühle
Untere Roggenmühle
Eybtal mit Teilen des Langen- und Rohrachtales
Eybach
Waldhause
L 1164

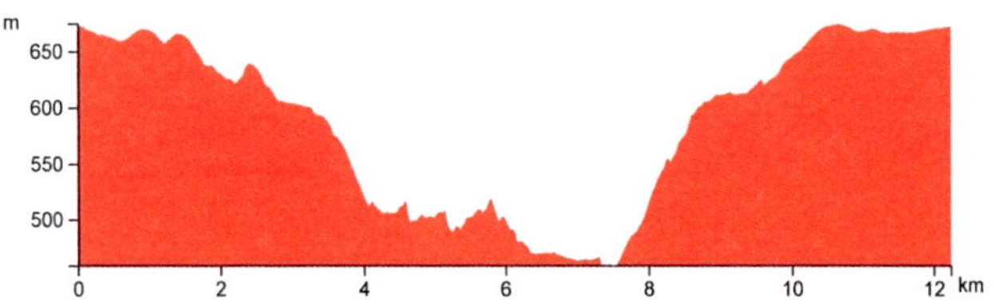

7 Wilde Täler an der Eyb

Das Wichtigste in Kürze:

Start	Geislingen/Steige (Waldhausen)
Ende	Geislingen/Steige (Waldhausen)
Länge	13 km
Summe aller Anstiege	215 m
Summe aller Abstiege	215 m
Wanderkarte 1:35.000	von SAV/LGL; Blatt 21

Anfang und Ende dieser Wanderung in Waldhausen (Ortsteil von Geislingen) erreichen wir von Amstetten aus schön und beschaulich mit einem besonderen Verkehrsmittel: Der UEF Lokalbahn. Nach Amstetten kommen wir mit dem Zug auf der DING-Strecke RE5/MEX16 Ulm – Geislingen (Filstalbahn). Von Amstetten nach Gerstetten verkehrt die Lokalbahn RB85 (Betrieb: http://www.uef-lokalbahn.de), die wir für unsere Wanderung in Waldhausen verlassen.

Vom Bahnhof folgen wir der Bahnlinie ein Stück, bevor wir am Ortsrand nach rechts abbiegen. Wir überqueren die Landesstraße, sind jetzt auf einem Weg mit der Markierung ‚rote Gabel' und gehen noch ein kurzes Stück weiter. Kurz darauf zweigt unsere rote Gabel nach links ab. Wir folgen der Markierung, überqueren wieder Landesstraße und Bahnlinie und wandern allmählich auf einen Wald zu, an dessen Rand wir rechts weiterlaufen. Etwas später biegt ein Weg mit ‚roter Raute' nach links weg, über den wir ins Magentäle gelangen. Dieses steigen wir hinab, teilweise ist (vor allem bei Nässe im oberen Teil) Trittsicherheit gefordert. Im Magentäle kommen wir an schönen Felsformationen sowie im unteren Teil auch an einigen Quellen vorbei (Bild oben). Unten angekommen haben wir die Möglichkeit, der unteren Roggenmühle einen Besuch abzustatten; sonst geht es mit der roten Gabel nach links das Eybtal abwärts. Wir erreichen Eybach und halten uns an der östlichen Seite der Ortschaft. Im Ort ist die Quelle des Mühlbaches; etwas später passieren wir eine ehemalige Ölmühle, die vom Mühlbach angetrieben wurde.

Danach biegt unser Weg nach links in den Wald des Naturschutzgebietes des Felsentals ab (Bilder Mitte und unten). Allmählich ansteigend gewinnt der Weg an Höhe und Dramatik. Das Tal wird enger und an dessen vorläufigem Ende steigen wir über zwei Metallleitern dem Ausgang entgegen. Oben halten wir uns links und folgen mal wieder der roten Raute. An einer Wegspinne biegen wir links ab und erreichen bald das Ende des Waldes. Wir sind jetzt wieder auf der Hochfläche und kommen bald am Christophshof vorbei. Der markierte Weg läuft entlang der Landesstraße; wer will, kann auch in einer links-rechts-Kombination über das Feld wieder nach Waldhausen gelangen. Dort gibt es zwei Möglichkeiten zur Schlusseinkehr (ein Café und ein Besen; bitte vorher Öffnungszeiten abchecken). Falls keine Zeit mehr ist (oder die Zugfahrt vorrangig), besteht die Möglichkeit zu einer Schlusseinkehr auch gegenüber dem Bahnhof in Amstetten. Von dort geht es dann wieder mit der Bahn in alle Richtungen zurück.

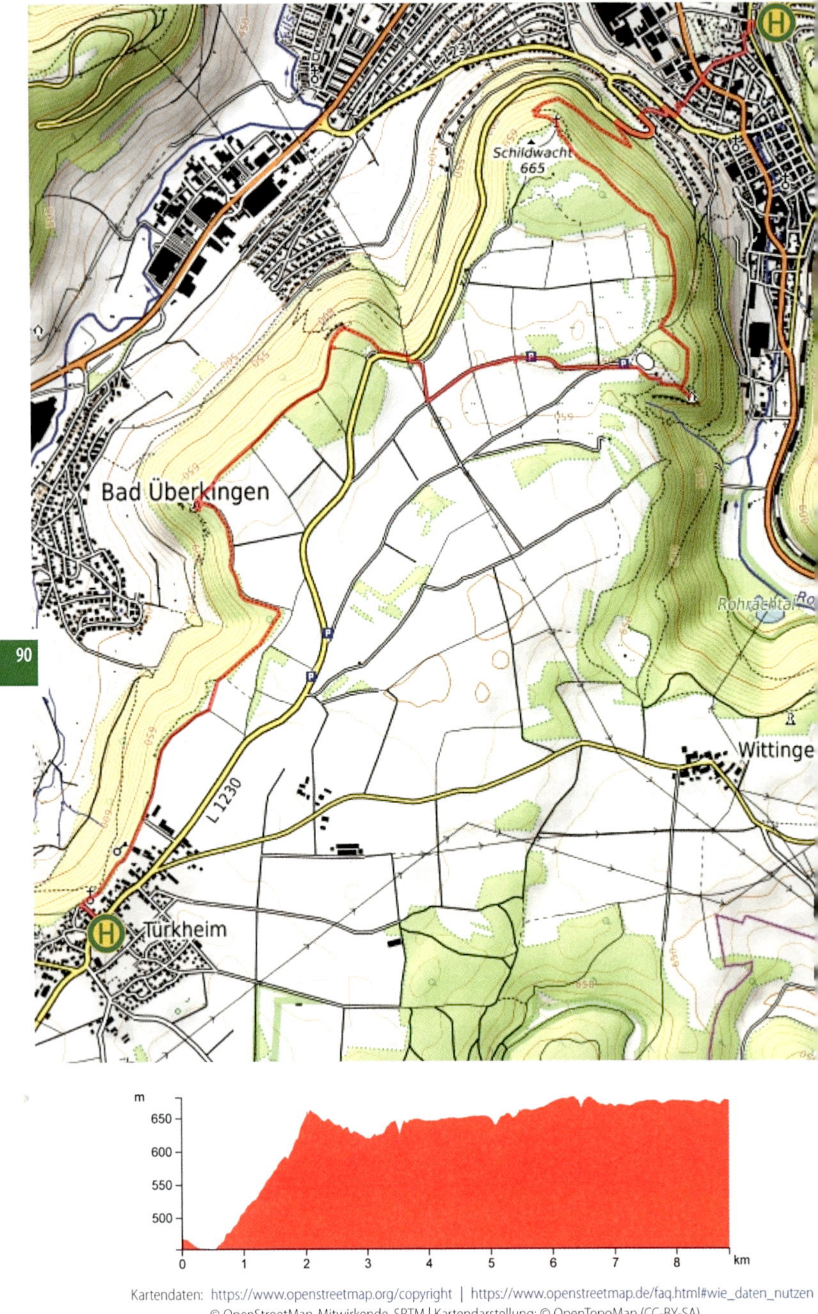

Schildwacht
665
Bad Überkingen
Rohrachtal
Wittinge
L 1230
Türkheim
m
650
600
550
500
0
1
2
3
4
5
6
7
8
km

8 Hinauf zum Trauf

Das Wichtigste in Kürze:

Start	Geislingen/Steige
Ende	Geislingen/Steige (Türkheim)
Länge	9 km
Summe aller Anstiege	270 m
Summe aller Abstiege	65 m
Wanderkarte 1:35.000	von SAV/LGL; Blatt 20

Über die DING-Eisenbahnstrecke RE5/MEX16 fahren wir nach Geislingen/Steige, wo unsere Wanderung beginnt. Wir überqueren das Vorfeld des Bahnhofs und orientieren uns in Richtung der Südwestseite der Stadt. Dabei folgen wir erst einmal der ‚roten Gabel' als Markierung.

Nach der Überwindung der B10 wird es erstens etwas ruhiger und zweitens beginnt der Weg allmählich, teilweise auch über Treppen, anzusteigen. Am Ortsende von Geislingen geht es noch ein Stück der Landesstraße entlang, nach der letzten Kehre zweigt unser Weg bald nach links Richtung Wald ab und steigt von dort spürbar an. Nach der nächsten Kehre dieses Weges geht dieser am Hang entlang nach oben, wobei sich immer wieder schöne Ausblicke auf Geislingen bieten (Bild oben). Nach der Hangphase beginnt dann eine Serpentinenphase, in der wir auch durch einzelne Felsen weiter hochsteigen. Jetzt ist es nicht mehr weit bis zum Ostlandkreuz (Bild Mitte), das zur Erinnerung an die Vertreibung nach dem 2. Weltkrieg im Jahr 1950 errichtet wurde.

Hier erholen wir uns von dem Anstieg, erfreuen uns am schönen Ausblick nach Geislingen und dem Filstal und machen erst einmal eine Rast, bevor wir unseren Weg fortsetzen. Unsere Wegmarkierung ist jetzt eine ‚gelbe Gabel', der entlang wir oben am Trauf unseren nächsten Ausblick – den Felsen des Geiselsteins – erreichen. Der Blick richtet sich auf das Rohrachtal oberhalb von Geislingen sowie auf Straße (B10) und Bahnstrecke der Geislinger

Steige. Weiter geht es von dort zunächst in westliche Richtung. Wir passieren das Geiselsteinhaus der TG Geislingen (für Erschöpfte gegebenenfalls eine erste Einkehrmöglichkeit) und wechseln über den Zufahrtsweg zur Hütte auf die andere Traufseite. Wir überqueren die nach Geislingen hinab führende Landesstraße (die kennen wir schon) und folgen dann wieder der roten Gabel (die kennen wir auch schon) in südwestlicher Richtung dem Albtrauf entlang. Nach einiger Zeit erreichen wir die Felslandschaft am Kahlenstein, an der sich eine ausführliche Besichtigung lohnt. Hier gibt es auch gleich unterhalb der Aussicht eine Karsthöhle – das Kahlenloch – welches jedoch verschlossen ist. Wir wandern weiter am Trauf entlang (immer noch entlang der roten Gabel) und kommen allmählich Richtung Türkheim.

Kurz vor Ende der Wanderung gibt es auf der rechten Seite des Weges noch einige schöne Ausblicke auf das obere Filstal. An der Türkheimer Kirche, die mit ihren Nachbarhäusern ein schönes Ensemble bildet, biegen wir links ab und kommen auf die Hauptstraße. An dieser befinden sich nahebei ein möglicher Gasthof für unsere Schlusseinkehr sowie die Bushaltestelle.

Von dort bringt uns die DING-Linie 350 zunächst zurück nach Geislingen/Steige. Von dort geht es mit der Filstalbahn RE5/MEX16 weiter.

Breitenstein
812
Auchtert
813
Eichhalde
Ochsenwang
(763)
Randecker Maar mit Zipfelbachschlucht
Sattelbogen
615
Bühl
813
Brucker Hölzle
830
Diepoldsburg
Heidäcker
Gereut
772
Engelhof
Mönchberg
798
Schopflocher Moor (Torfgrube)

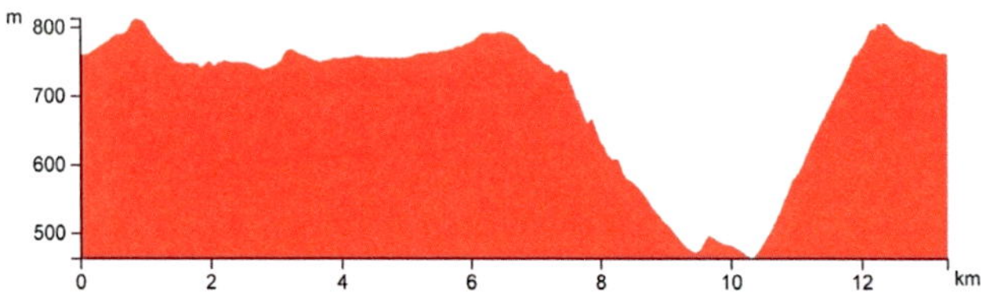

m
800
700
600
500
0
2
4
6
8
10
12
km

9 Maar, Moor, Mörike und mehr

Das Wichtigste in Kürze:

Start	Bissingen (Ochsenwang)
Ende	Bissingen (Ochsenwang)
Länge	14 km
Summe aller Anstiege	480 m
Summe aller Abstiege	480 m
Wanderkarte 1:35.000	von SAV/LGL; Blatt 19 oder 20

Damit beginnen unsere Wanderungen im Biosphärengebiet. Start und Ende der ersten Wanderung ist Ochsenwang, das über die VVS-Linie 176 erreicht wird. Haltestellen sind ‚Rathaus' oder ‚Bissinger Straße', von letzterer müssen wir die Eduard-Mörike-Straße ein kurzes Stück bis zum ehemaligen Rathaus hinunterlaufen. Dort starten wir und laufen die Eduard-Mörike-Straße hoch, die am Ortsrand eine scharfe Biegung macht. Wir folgen der Straße noch ein Stück; dann führt nach links ein Weg Richtung Albtrauf. Dort angelangt wandern wir auf dem HW1 weiter nach rechts auf den Auchtert hinauf, auf dem wir unsere erste Aussicht genießen. Wir folgen dem HW1, der zunächst eben verläuft und dann allmählich absteigt. An der Kläranlage kreuzen wir eine Straße und wandern dann in einem weiten Bogen mit schöner Aussicht am Randecker Maar (Bild oben) entlang. Dabei passieren wir auch den Gedenkstein für den Gründer des Schwäbischen Albvereins (Valentin Salzmann). Wer eine kurze Rast machen oder wohlschmeckenden Käse kaufen will, kann noch bis zur Ziegelhütte vorgehen.

Unser Weg verlässt vor der Ziegelhütte den HW1 in südlicher Richtung. An einem Parkplatz vorbei kommen wir auf die Kreisstraße, neben der wir ein kurzes Stück laufen, bis wir rechts zum Otto-Hofmeisterhaus abbiegen. Hinter diesem zweigt der Weg ab, auf dem wir (später auf Holzbohlen) das Torfmoor (Bild Mitte) durchqueren. Danach erreichen einen asphaltierten Weg, dem wir kurz nach rechts folgen, bevor wir nach links auf einem

unmarkiertem Weg Richtung Diepoldsburg weiterwandern. Wir passieren die Diepoldsburg; kurz danach stoßen wir wieder auf den HW1 und laufen bis zur Ruine Rauber (Bild unten). Nach einer Besichtigung steigen wir auf diesem bis zum Sattelbogen ab.
Dort wenden wir uns halbrechts ins Bissinger Tal. Wer will kann natürlich auch bis zur Teck weitergehen und von dort aus den Weg nach Bissingen finden (ist nicht so schwierig). Zunächst dem Weg mit einem blauen Dreieck folgend, geht es abwärts. Wir queren den Giesnaubach, gehen noch ein Stück weiter und am Schützenhaus vorbei, bis wir nach rechts wieder auf das blaue Dreieck treffen, dem wir eine lange Steigung hinauf zum Breitenstein folgen. Dort genießen wir die für heute letzte, aber auch beeindruckendste Aussicht. Dem HW1 folgen wir hinein nach Ochsenwang, wo gegenüber der Kirche das Haus liegt, in dem Eduard Mörike als 1832/33 als Pfarrverweser wirkte (http://www.moerikehaus-ochsenwang.de/).

Zu den beiden Haltestellen sind es jetzt nur noch wenige Schritte, dort fährt wieder unser Bus ab; im Gasthof Krone gibt es auch eine gute Einkehrmöglichkeit.

Gutenberg
Oberes Lenninger Tal mit Seitentälern
Schlattstall
Grabenstetten
Albe 812
Böhringen
Lauh 793
Hengen
ttlingen

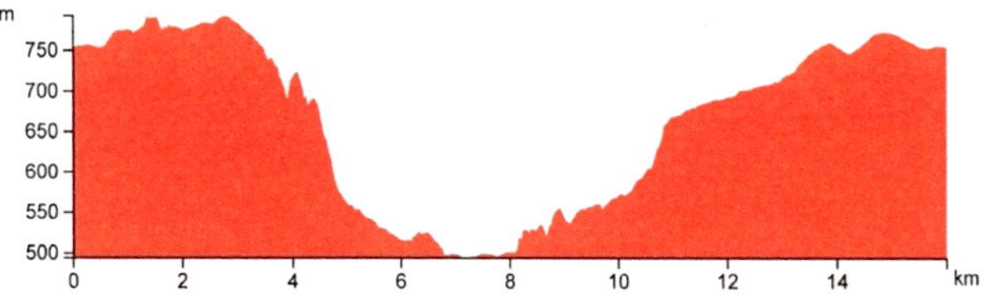

10 Durchs Schwäbische Pamukkale

Das Wichtigste in Kürze:

Start	Römerstein (Böhringen)
Ende	Römerstein (Böhringen)
Länge	16 km
Summe aller Anstiege	350 m
Summe aller Abstiege	350 m
Wanderkarte 1:35.000	von SAV/LGL; Blatt 19

Eine schöne Wanderung, die mit einer Ruine, Kalksinterterrassen, Quellen, und einem dramatischen Felsanstieg alles bietet, jedoch Kondition und Trittsicherheit erfordert. Böhringen ist am besten montags bis freitags oder sonntags mit den DING-Linien 340 und 343 ab Laichingen oder Bad Urach erreichbar. Wir verlassen Böhringen und wandern auf einem Weg mit ‚gelbem Dreieck' nordwärts. Später kreuzen wir die Straße, gehen über freies Feld und erreichen den Rand eines Waldes. Dort verlassen wir kurz den Weg und gehen an einer markierten Stelle ein paar Schritte zum Burgbrünnele.

Dieses stellte früher die Wasserversorgung der nahegelegenen Burg Sperberseck sicher. Wir gehen zurück auf den Hauptweg, biegen rechts ab und erreichen diese nach kurzer Wegstrecke. Sie wurde im 12. Jahrhundert erbaut und war Sitz der Herren von Sperberseck. Sie waren Ministeriale in zuerst zähringischen, später in teck'schen und dann in württembergischen Diensten. Die Burg wurde Anfang des 15. Jahrhunderts aufgegeben und verfiel. So sind von der einstigen Burganlage nur wenige Reste übrig.
Wir folgen weiter dem gelben Dreieck und steigen ins Donntal mit seinen einmaligen Kalksinterterassen (Bild oben) ab. Wir folgen der Markierung der ‚roten Gabel' und laufen weiter nach Schlattstall (ein kurzes Stück folgt der Weg leider der Bundesstraße). Wir passieren den Gasthof Hirsch (auch hier wäre eine Einkehr lohnend), der 1952 eine wichtige Rolle im Einigungsprozess von Baden-Württemberg gespielt hat. In Schlattstall lohnen sich Abstecher zu Lauterquelle (mit Mühle; Bild oben) und Goldloch, beides Hauptquellen der Schwarzen Lauter. Weiter geht es zunächst durch Wiesen, später und allmählich im Wald ansteigend bis zum Fuß der Schreckenfelsen. Wir haben die Möglichkeit, den Albtrauf über die kleine oder die große Schrecke (Bild unten) zu erklimmen. Folgen wir der großen Schrecke, erleben wir im letzten Stück des Anstiegs eine fast schon alpin anmutende Szenerie. Haben wir das letzte Stück (Vorsicht bei nassem Wetter!) überwunden, erreichen wir das Erdtal – eine langgezogene Schlucht -, die im Anstieg allmählich flacher wird und schließlich an der Landesstraße endet. Wir wenden uns nach links, gehen auf die Höhe des freien Feldes und wandern über verschiedene Feldwege auf dem ‚Hart' allmählich zu unserem Ausgangspunkt in Böhringen zurück. Hier gibt es mehrere Einkehrmöglichkeiten (z.B. das Gasthof Hirsch), und auch die St. Galluskirche – falls geöffnet – lohnt eine Besichtigung. Die Rückfahrt erfolgt dann wieder von Böhringen mit den DING-Linien 340 und 343.

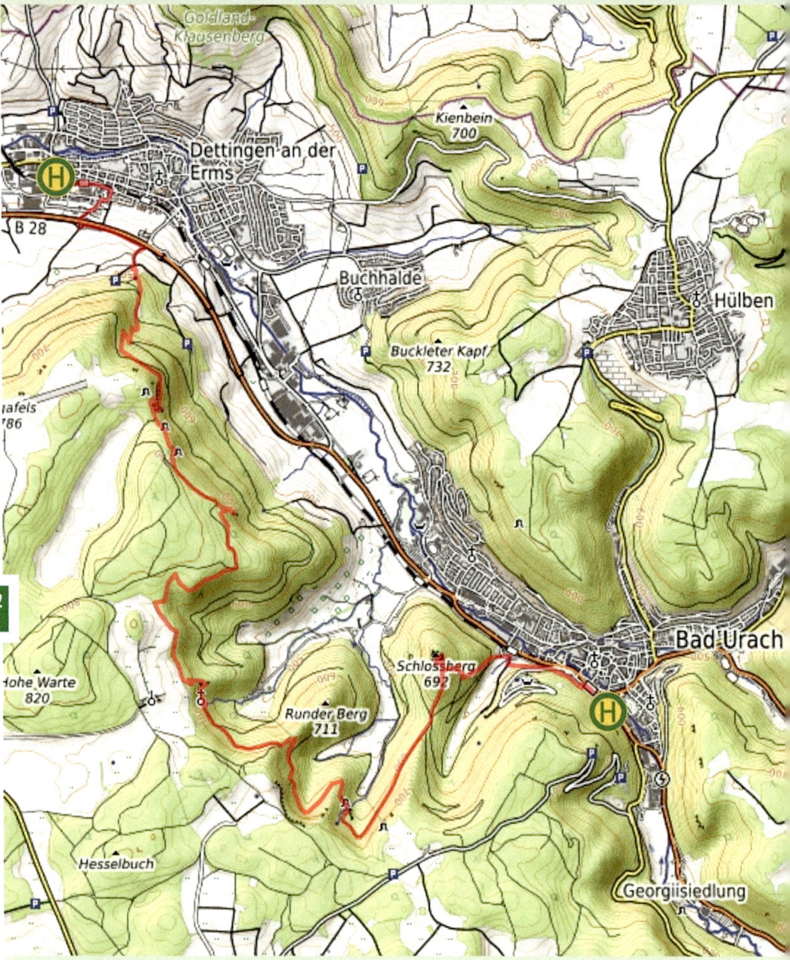

Goldland-Klausenberg
Kienbein
700
Dettingen an der Erms
B 28
Buchhalde
Hülben
Buckleter Kapf
732
Bad Urach
Schlossberg
692
Runder Berg
711
Hohe Warte
820
Hesselbuch
Georgiisiedlung

m
700
600
500
400
0
2
4
6
8
10
12
14
km

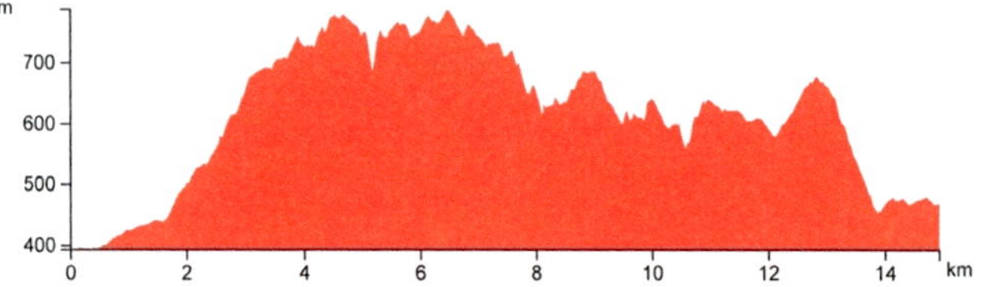

11 Höllenlöcher, Wasserfälle und eine Ruine

Das Wichtigste in Kürze:

Start	Dettingen (Erms)
Ende	Bad Urach
Länge	15 km
Summe aller Anstiege	800 m
Summe aller Abstiege	720 m
Wanderkarte 1:35.000	von SAV/LGL; Blatt 19

Etwas Kondition und Trittsicherheit sollte man für diese Wanderung schon mitbringen. Dafür bietet sie eine enorme Vielfalt an Natur, Kultur und sagenhaften Ausblicke. Diese Wanderung zeigt alles, was die Alb so,drauf hat`. Sie startet in Dettingen (Erms), das wir über die DB-Linie 763 (,naldo') mit dem Zug erreichen können. Nach einem steilen Anstieg vom Bahnhof aus erreichen wir bald den Calver Bühl, einen kleinen Vulkankegel mit lokalen Magnetfeldern, die durch ferromagnetische Minerale wie Magnetit verursacht werden (Bild oben) Ein Stein von hier bringt die Nadel von einem Kompass zum Schwingen.

Weiter geht es, zunächst steil, hoch zu den Höllenlöchern, hier führt eine Leiter in die Tiefe (Bild Mitte). Unten angelangt empfängt uns ein feuchtes Mikroklima, ideal für Moose und Flechten (die Klamm kann auch umwandert werden).

Wir wandern weiter in Richtung der Wasserfälle. Unterwegs gibt es die Möglichkeit den Fohlenhof zu besuchen, der zum Gestüt St. Johann gehört. Über Geröllwegchen erreichen wir den Gütersteiner Wasserfall (Bild unten). Mehrere Quellen scheiden Kalk aus, und es hat sich eine mächtige Kalktuffterrasse gebildet. Die Kraft des Wassers wurde schon 1715 genutzt, hier wurde eine frühe Pumpstation der Alb gebaut. Noch früher gab es hier sogar ein Zisterzienserkloster (1226), das aber während der Reformation abgebrochen wurde. Wegen der besonderen Stimmung wurde dieser Ort schon oft als Kraftort bezeichnet.

Doch es geht weiter zum Uracher Wasserfall, dem nächsten Höhepunkt. Oft überlaufen, aber ein beeindruckendes Naturschauspiel. Bänke, Feuerstellen und ein Kiosk laden zum Verweilen ein. Von hier aus gibt's einen Abstieg zur Bahnstation ‚Uracher Wasserfall'.
Wer aber noch weiter wandern will, sieht gegenüber auf dem Bergrücken die mächtige Ruine Hohenurach liegen, sie ist unser (fast) abschließendes Ziel. Diese Gipfelburg wurde von den Grafen von Urach erbaut und diente seither als Residenz, Landesfestung und Gefängnis. In den letzten Jahren immer wieder wegen Einsturzgefahr geschlossen, ist sie nun wieder zugänglich. Ein besonderes Motiv ist das gotische Fenster, das allen Anstürmen getrotzt hat und sich stolz von den restlichen Mauerresten abhebt.

Von hier geht's nun auf gut bezeichneten Wegen hinab nach Bad Urach mit reichlichen Einkehrmöglichkeiten und zum Bahnhof zur Rückfahrt.

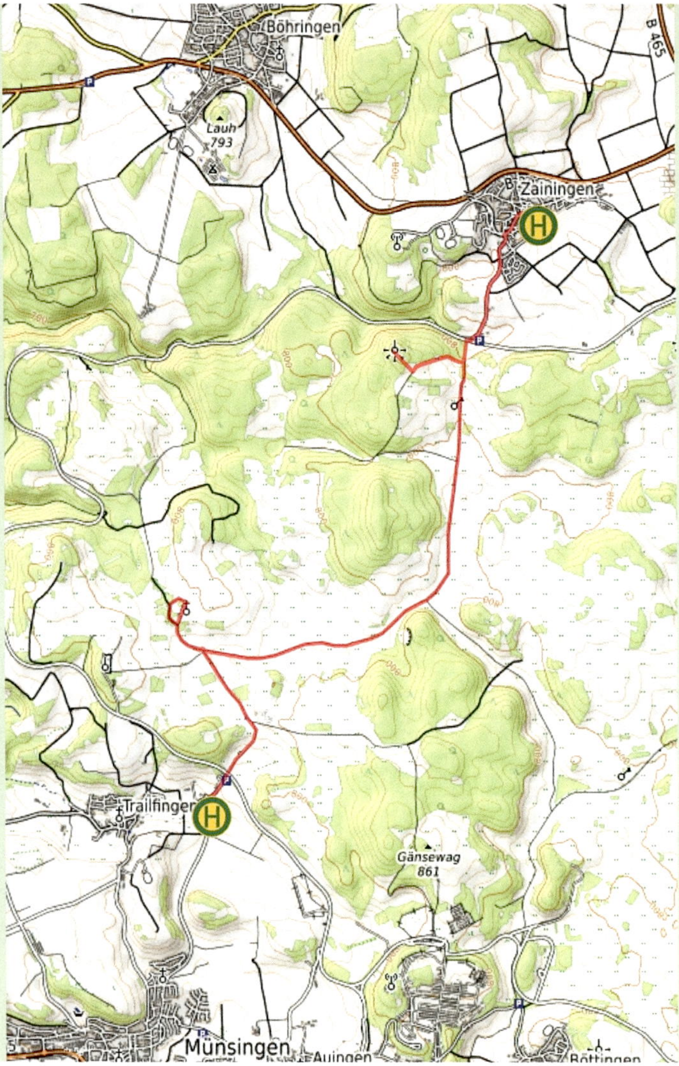

Böhringen
B 465
Lauh
793
Zainingen
Trailfingen
Gänsewag
861
Münsingen
Auingen
Böttingen

m
840
820
800
780
760
740
0
2
4
6
8
10
km

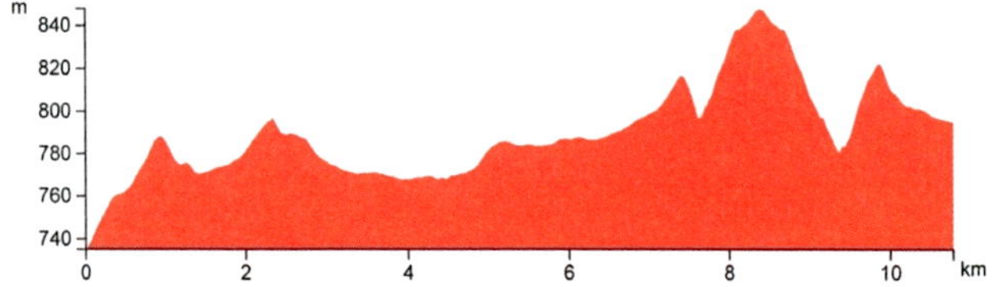

12 Gruorn – ein (fast) vergessenes Dorf

Das Wichtigste in Kürze:

Start	Münsingen (Trailfingen)
Ende	Römerstein (Zainingen)
Länge	11 km
Summe aller Anstiege	160 m
Summe aller Abstiege	100 m
Wanderkarte 1:35.000	von SAV/LGL; Blatt 20

Die schönste Anfahrt zu dieser Wanderung erfolgt an den Betriebstagen der Schwäbischen-Alb-Bahn (auf der DING-Strecke RB59), wenn man mit alten Triebwagen von Ulm, Blaubeuren oder Schelklingen langsam nach Münsingen hochfahren kann. In Münsingen wechseln wir dann in den Biosphärenbus (Linie 298), mit dem wir bis zur Haltestelle ‚Trailfingen Säge' fahren.

Dort beginnt unsere Wanderung, die uns in das Herz des Biosphärengebiets ‚Schwäbische Alb' führt. Wir folgen der Markierung der ‚gelben Raute' mit der wir in den früheren Truppenübungsplatz wandern. Hinter dem Eingang kreuzen wir die sogenannte ‚Panzerringstraße', die den ganzen Truppenübungsplatz umgibt, und die heute von einigen Fahrzeugherstellern als Erprobungsstrecke genutzt wird.

Der Weg bietet kaum Schatten, und schon bald erkennen wir deutlich die Kuppe, auf der Gruorn liegt, und auf die wir allmählich zulaufen. Kurz vor dem Anstieg zur Kuppe zweigt der Weg rechts ab, dem wir nachher weiter folgen; links befinden sich einige ehemalige Schießbahnen. Wenig später erreichen wir Gruorn. Von dem alten Dorf stehen nur noch das Schulhaus und die Kirche. Das ehemalige Schulhaus beherbergt eine interessante Ausstellung (Bilder oben und Mitte) sowie ein Café. In der Kirche finden sich schöne Wandmalereien, und auch der die Kirche umgebende Friedhof ist sehenswert (Bild unten). Wir umrunden den ehemaligen Ortskern, wobei wir immer wieder auf Mauerreste früherer Häuser stoßen. Wir steigen die Kuppe wieder hinab und folgen dem Weg mit gelber Raute, an dem wir vorhin vorbeigekommen sind, weiter nach links. Der schattenlose Weg (ein Verlassen der Wege ist verboten!) führt in einem Bogen durch den ehemaligen Truppenübungsplatz. Kurz vor dessen Ende zweigt ein Weg nach links zum Aussichtsturm ‚Hursch' des Schwäbischen Albvereins ab. Dieser kann luftig bestiegen werden; oben hat man auf fast 900m Höhe eine fantastische Sicht.

Wir kehren zurück zu unserem Weg. Nach kurzer Strecke überqueren wir wieder die Panzerringstraße und verlassen den Platz. Wir wandern nach Zainingen hinein, wo wir z.B. im Gasthof Löwen einkehren können.

Von dort sind es noch ein paar Schritte bis zur Hüle, an der sich die Bushaltestelle befindet. Mit der DING-Linie 343 kommen wir wieder zurück in Richtung Bad Urach, Laichingen oder Blaubeuren. Ab Blaubeuren können wir mit dem Zug nach Ulm fahren.

Okt.
Jan. 1921.

13 Gegen Verbrechen und Vergessen

Das Wichtigste in Kürze:

Start	Gomadingen (Grafeneck)
Ende	Münsingen (Buttenhausen)
Länge	10 km
Summe aller Anstiege	175 m
Summe aller Abstiege	210 m
Wanderkarte 1:35.000	von SAV/LGL; Blatt 26

Der Startpunkt dieser Wanderung in Grafeneck kann sonntags über die Schwäbische Albbahn (DING-Strecke RB59) mit DING-Einzel- und Gruppentickets angefahren werden. Diese Wanderung ist anders als die anderen. Sie berührt am oder im Großen Lautertal Menschen, deren Schicksale und Vorkommnisse, die nicht zu Wanderfreude, sondern zum Nachdenken Anlass geben. Wir starten am Haltepunkt und laufen zum Schloss hinauf. Dieses war eine Zeit lang Sommersitz der Herzöge von Württemberg, wurde jedoch zugunsten des Schlosses in Ludwigsburg aufgegeben. 1928 kaufte die Samariterstiftung das Schloss und richtete ein Heim für Behinderte ein. Im Dritten Reich wurde es

als Tötungsanstalt genutzt, und es wurden über 10.000 geistig behinderte Menschen bis 1940 umgebracht. Heute erinnert eine Dokumentationsstätte daran.

Wir verlassen Grafeneck auf der dem Schloss entgegengesetzten Ende und folgen dem Weg mit ‚gelbem Dreieck' über Marbach bis Dapfen. Ab hier geht es auf dem Burgenweg weiter nach Wasserstetten, hinter dem wir rechts auf die Hochfläche aufsteigen. Es geht ein Stück meist am Waldrand entlang, dann biegt der Weg nach rechts. An der folgenden Kreuzung halten wir uns links und wandern der ‚gelben Gabel' nach. Im Wald biegen wir dann rechts ab und folgen dem Weg ohne Markierung am Hang entlang und später abwärts, bis wir den Jüdischen Friedhof in Buttenhausen (Bild oben) erreichen.
Buttenhausen (Bild Mitte) hatte eine große jüdische Gemeinde, die 1870 aus 442 Einwohnern bestand. Die Juden spielten als Geschäftsleute im 19. Jahrhundert in weitem Umkreis eine Rolle und brachten einen gewissen Wohlstand und technische Neuerungen nach Buttenhausen. Um 1800 wurde eine Synagoge gebaut, die 1938 zerstört wurde. Die letzten Verbliebenen wurden dann im Krieg nach Theresienstadt und Riga deportiert, wo viele ermordet wurden. Auf dem weiteren Abstieg nach Buttenhausen kommen wir zunächst am Gedenkmal für die jüdische Bevölkerung vorbei. Später folgt das Geburtshaus von Matthias Erzberger, der 1921 von rechtsgerichteten Attentätern ermordet wurde. Und auch Gustav Mesner (der Ikarus vom Lautertal; Bild unten) stammte aus Buttenhausen. Er verbrachte viele Jahre in der Psychiatrie und entwarf später auch visionäre Fluggeräte. Den Schluss seines Lebens verbrachte er hier in einem Heim. Im Café Ikarus (‚BruderhausDIAKONIE') können wir zum Abschluss noch einige seiner Werke betrachten.
Mit dem Bus der DING-Linie 265 fahren wir zurück nach Münsingen, von wo aus wir mit der Schwäbischen Albbahn weiterfahren können.

Diana Stern

Kartendaten: https://www.openstreetmap.org/copyright | https://www.openstreetmap.de/faq.html#wie_daten_nutzen

14 Burgen im ‚Großen Lautertal'

Das Wichtigste in Kürze:

Start	Gundelfingen (Haltestelle Burg Derneck)
Ende	Gundelfingen (Haltestelle Burg Derneck)
Länge	9 km
Summe aller Anstiege	300 m
Summe aller Abstiege	300 m
Wanderkarte 1:35.000	von SAV/LGL; Blatt 26

Diese Wanderung führt in den ‚Burgenteil' des Großen Lautertals. Sie bietet alles, was der Wanderer erwarten kann. Neben der Landschaft mit der in naturbelassenen Mäandern dahinfließenden Lauter, atemberaubenden Felsformationen sowie Magerwiesen und Wachholderheiden gibt es traumhafte Aussichten und Talblicke. Mit einer Galerie in Gundelfingen und der Burg Derneck, einem der schönsten Wanderheime des Schwäbischen Albvereins, sind auch Kunst und Kultur vertreten. Und wir haben eine ‚dynamische' Wanderstrecke mit flachen Wegen im Tal, steilen Auf- und Abstiegen und interessanten Pfaden an den Berghängen – fast die gesamte Stecke verläuft auf naturbelassenen Pfaden.

Der Ausgangspunkt der Wanderung ist die Haltestelle ‚Gundelfingen Burg Derneck' am Fuße der Burg Derneck an der Münzdorfer Brücke (Parkplatz und Spielwiese). Sie kann mit der DING-Linie 265 von Münsingen bzw. Riedlingen oder am Wochenende mit dem Lautertal-Freizeitbus (Linie 297) erreicht werden. Man läuft zunächst die Lauter aufwärts bis kurz vor Wittsteig, überquert auf dem Fußgängersteg die Lauter und folgt am Parkplatz steil bergauf dem Steig mit der ‚gelben Gabel'. Dieser führt uns zur Ruine Hohengundelfingen (von privater Hand restauriert; darf betreten werden; Bild oben). Hier sollte man eine Rast einlegen und die herrliche Aussicht (z.B. auf Wittsteig und die Burg Niedergundelfingen; Bild Mitte) genießen. Weiter geht es dann talwärts nach

Gundelfingen, vorbei an der eingangs erwähnten Galerie, ein kurzes Stück Richtung Bichishausen.
An den letzten Häusern muss man aufpassen, um den etwas versteckten Aufstieg zum Aussichtspunkt ‚Bürzel' zu finden. Von dort sieht man die Ruine Hohengundelfingen, auf der wir vorher Rast gemacht haben. Vom Bürzel folgt man der Beschilderung Burg Derneck (‚gelbe Raute') zuerst im Wald, später über von Hecken umgebenes Wiesengelände. In der Burg (Bild unten) ist auch ein Wanderheim des Schwäbischen Albvereins untergebracht. (https://tuerme-wanderheime.albverein.net/wanderheime/wanderheim-burg-derneck/)

Falls geöffnet, ist hier auch die Einkehr möglich.

Vom Turm aus kann man nochmals einen Blick auf die meist bewaldete Umgebung werfen, bevor es wieder hinab zu Lauter und Bushaltestelle geht; bequem auf der Fahrstraße oder auf der Direttissima, auf der man in wenigen Minuten wieder die Haltestelle der Linie 265 erreicht.

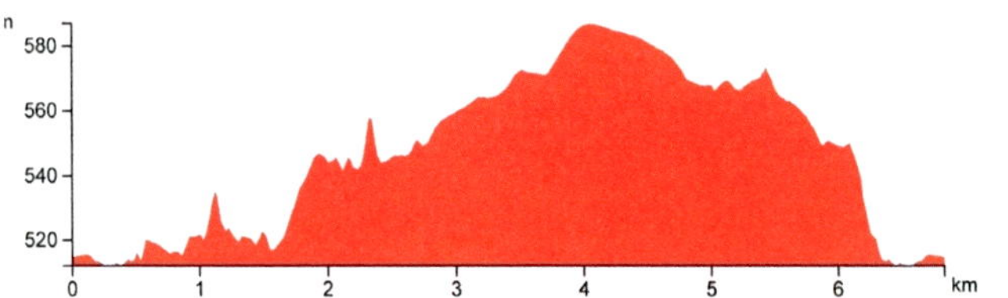
n
580
560
540
520
0
1
2
3
4
5
6
km

15 Kurze Runde um einen kurzen Fluss

Das Wichtigste in Kürze:

Start	Munderkingen (Rechtenstein)
Ende	Munderkingen (Rechtenstein)
Länge	7 km
Summe aller Anstiege	80 m
Summe aller Abstiege	80 m
Wanderkarte 1:35.000	von SAV/LGL; Blatt 31

Eine kurze, aber schöne und vielseitige Wanderung für eher Lauffaule oder Langschläfer rund um den kürzesten Nebenfluss der Donau: Die Braunsel. Die Anreise nach Rechtenstein erfolgt mit dem Zug (einige wenige Verbindungen zwischen Ulm und Sigmaringen auf der DING-Donaubahn RE55 halten auch in Rechtenstein). Vom Bahnhof gehen wir ein kurzes Stück die Donau aufwärts und können zuerst der Rechtensteiner Höhle einen Besuch abstatten (Trittsicherheit erforderlich).

Weiter geht es auf dem Schwäbische-Alb-Oberschwaben-Weg HW7 an Donaubrücke und Wasserkraftwerk (mit kleiner Feldbahn zum Bahnhof) vorbei. Allmählich nähern wir uns der Donau, die wir am Hochwartfelsen erreichen. Dahinter ist die Mündung der Braunsel. Diese ist mit einer Länge von 920 m der kürzeste Nebenfluss der Donau mit teilweise schönen Farbschattierungen (Bild oben). Sie wird von einer Reihe von Karstquellen gespeist, die größtenteils die Große Lauter ‚anzapfen'. Kurz dahinter erreichen wir eine Brücke, an der wir einige Informationen über das Flüsschen und das dazugehörige Naturschutzgebiet finden können. Über die Brücke können wir einen kurzen (bitte wirklich nur kurz, da Naturschutzgebiet!) Abstecher über die Braunsel machen, um einen Blick in beide Richtungen des Flusses werfen zu können. Wir gehen wieder zurück und gleich dahinter auf dem Weg mit der blauen Raute hinauf in das Schelmental. Am Ende dieses Tales ist ein Parkplatz, vor dem wir rechts bis zum Waldrand abbiegen. Wir folgen diesem eine Weile, bis wir hoch über der Donau die Hochwarthütte erreichen, die eine gute Rastmöglichkeit mit schöner Aussicht bietet. Von hier gehen wir zurück Richtung Rechtenstein (mit Aussicht Richtung Obermarchtal; Bild Mitte), bleiben aber auf der Höhe. Wir passieren einen Bauernhof, kreuzen die Straße und folgen dann einem Weg zur ehemaligen Burg Rechtenstein. Diese wird als Sitz der Familie vom Stain erstmals 1331 urkundlich erwähnt; 1739 starb die Rechtensteiner Linie der Familie vom Stain aus, 1806 fiel der Ort endgültig an Württemberg. 1817 wird die Burg mit Ausnahme des Turms abgerissen. An diesem Turm (Bild unten) befindet sich die Inschrift: ‚Willst du leben von Händel rein, hüt' dich vor Freyberg, Rechberg und Stain' (das mit den Nachbarn war wohl auch früher schon ein Problem).

Vom Turm gehen wir einen kleinen Treppenweg an der Kirche vorbei abwärts und weiter zurück Richtung Bahnhof. In der Gaststätte Bahnhof (mit Garten) gibt es eine Einkehrmöglichkeit, bevor wir wieder mit dem Zug auf der Donaubahn RE55 die Rückfahrt antreten.

Lauterach
B 311
Hochberg 662
573
Untermarchtal
Munderkinge
Obermarchtal
Algershofen
Hausen am Bussen
Emerkinge

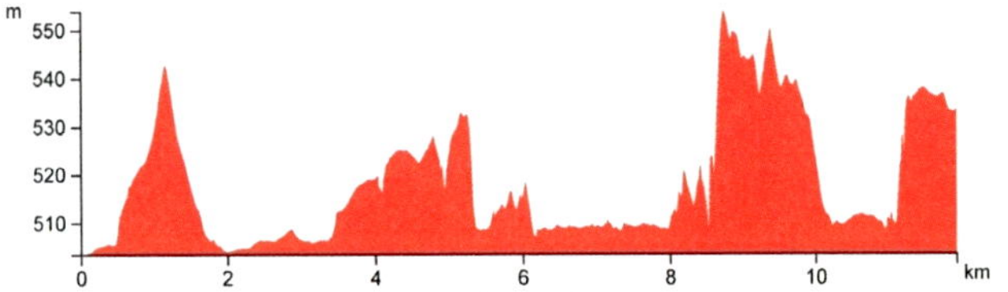

16 Mystische Wasser und reichlich Strom

Das Wichtigste in Kürze:

Start	Munderkingen
Ende	Obermarchtal
Länge	12 km
Summe aller Anstiege	120 m
Summe aller Abstiege	80 m
Wanderkarte 1:35.000	von SAV/LGL; Blatt 31

Auf der DING-Donaubahn RE55/RS3 fahren wir nach Munderkingen, wo am Bahnhof unsere Wanderung startet.
Wir halten uns nach rechts und folgen zunächst der Markierung der ‚blauen Raute' zu einem Kreuzweg hinauf zur Frauenbergkirche. Diese ist eine beliebte Wallfahrtskirche mit einem Gnadenbild Marias im barocken Hochaltar. Hier war früher ein alemannisches Quellheiligtum. Weiterhin entstand hier eine Sage, nach der eine Frau beim Trinken aus dem Brunnen vor der Kirche Schlangenlaich zu sich nahm und bald danach einen beachtlichen Umfang erreichte (‚Die Rond von Munderkingen'). Dank der Gebete wurde die Frau von 62 Schlangen befreit. Man grub dann den Brunnen aus und fand am Grund eine mehrere Meter lange ‚alte Schlange', die auch in der Kirche dargestellt wurde. Um weitere Zwischenfälle dieser Art zu vermeiden, verschloss man den Brunnen mit einer zwiebelförmigen Haube (Bild oben).
Wir wandern den Weg wieder ein Stück hinunter und biegen dann rechts ab und sind nun auf einem Weg mit ‚blauem Dreieck'. An einem alten Kirschbaum geht links ein Stichweg zur Ventura-Quelle, die früher auch als Heiligtum verehrt wurde. Wir folgen weiter unserem Weg. An der Bahnlinie halten wir uns kurz links, unterqueren diese und wandern in einem Bogen nach Algershofen. Dort biegen wir links ab, gehen am Algershofer Bach nach rechts und erreichen bald den See mit den ‚warmen Quellen' (17°; Bild Mitte). Quelle und ein Badehaus befinden sich auf der Rück-

seite des Sees. Wir gehen ein Stück weiter und dann rechts wieder Richtung Algershofen. Oben geht es links die Straße hinauf. Kurz nach der Brücke über die Bahn halten wir uns wieder links entlang des blauen Dreiecks. Dieser Markierung folgen wir eine ganze Weile. Wir durchqueren Untermarchtal und laufen meist nahe der Donau weiter.

Kurz vor der Mündung der Großen Lauter biegen wir dann rechts ab und wandern bis zum sehenswerten Elektrizitätswerk des Klosters Untermarchtal (Bild unten). Wir drehen dort um, zweigen alsbald nach rechts ab und erklimmen die Höhe. Oben wandern wir links und in einem weiten Bogen auf die andere Seite der Felder. Dort biegen wir vor Talheim einen anderen Weg überquerend (diesem nicht folgen!) fast in einem 180°-Winkel nach links. Es geht allmählich abwärts, bis wir auf den Burgenweg stoßen. Diesen wandern wir dann bis zur Donau hinab. Kurz vorher geht es durch eine kleine Unterführung unter der Bahnstrecke hindurch, dann rechts Richtung Rechtenstein weiter. Wenig später zweigt der Weg nach Obermarchtal links ab. Hinter der Donau halten wir uns links und erreichen über einen kleinen Weg (teilweise mit Treppen) die ehemalige Reichsabtei mit barocker Kirche, die wir ausführlich anschauen sollten. Wer noch etwas Kondition und Lust übrighat, kann auch noch einen Abstecher zum Kraftwerk Alfredstal machen, das auch besichtigt werden kann (https://www.obermarchtal.de/index.php?id=130).

Eine Einkehr ist beispielsweise im Klostergasthof Adler möglich. Die Rückfahrt erfolgt mit dem Bus über die DING-Linien 320 oder 329 nach Munderkingen und weiter mit dem Zug.

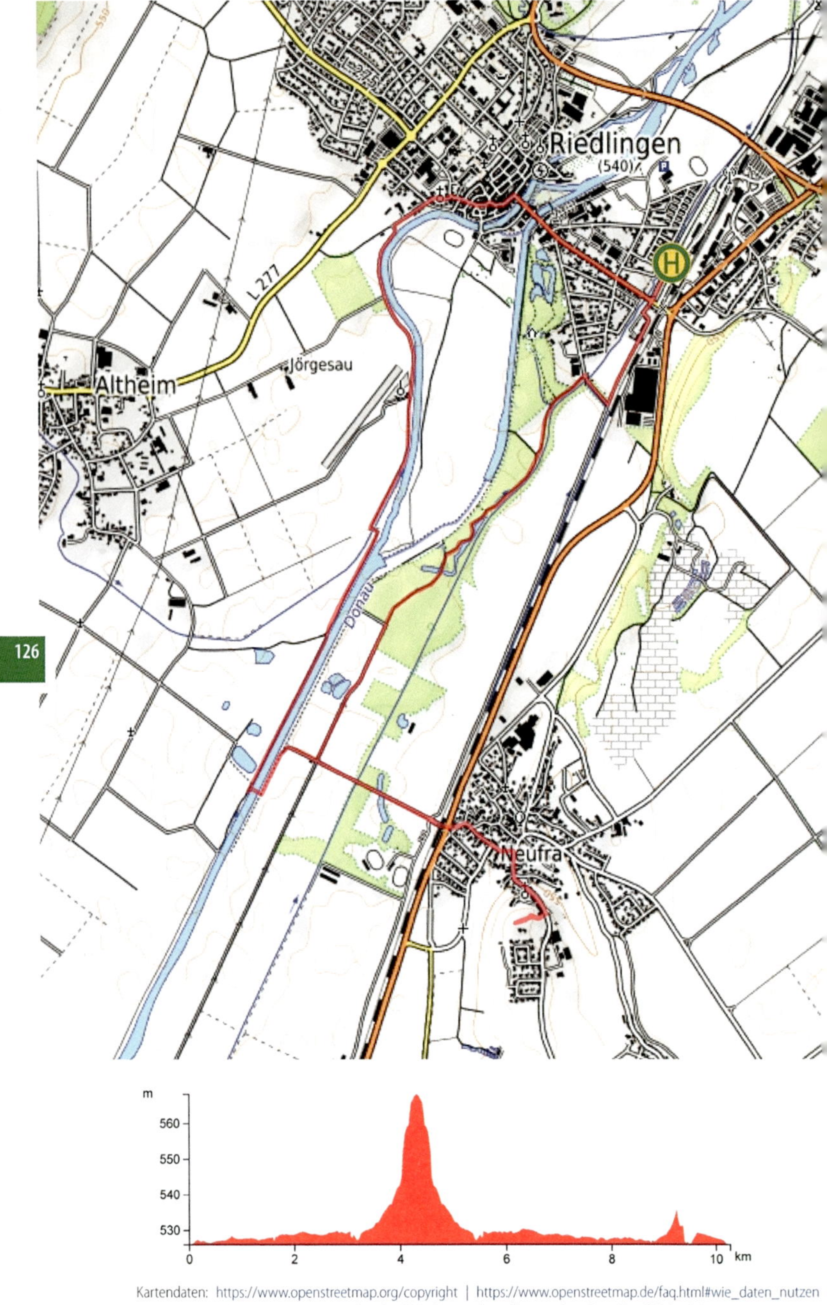
Riedlingen
(540)
Altheim
Jörgesau
L 277
Donau
Neufra
m
560
550
540
530
0
2
4
6
8
10
km

17 Der Hängegarten von Neufra

Das Wichtigste in Kürze:

Start	Riedlingen
Ende	Riedlingen
Länge	10 km
Summe aller Anstiege	45 m
Summe aller Abstiege	45 m
Wanderkarte 1:35.000	von SAV/LGL; Blatt 31

Über die DING-Donaubahn RE55 erreichen wir den Bahnhof in Riedlingen, den Startpunkt unserer Wanderung.
Wir halten uns zu Beginn in südöstlicher Richtung und überqueren die Hindenburgstraße aus der Stadt heraus zur Bundesstraße. Wir folgen dem Radweg und wandern rechts von der Eisenbahnlinie ein Stück geradeaus, bis ein Weg nach rechts abzweigt, der uns über die Schwarzach führt. Dahinter biegen wir links ab und stoßen bald auf den Weg mit ‚blauer Raute'. Dieser begleitet uns zunächst zwischen Schwarzach und Donau-Kanal durch das Südende der Mißmahlschen Anlage. Weiter geht es durch den Auwald (je nach Jahreszeit sind Insektenschutzmittel sehr empfehlenswert!). Am Ende des Waldes geht es noch ein Stück über freies Feld, bis unser Weg nach Neufra nach links und wieder über die Schwarzach abzweigt. Wir unterqueren Bahnstrecke und Bundesstraße und erreichen Neufra, in dem wir zunächst geradeaus weiterlaufen und dann nach rechts zum Schloss abbiegen.

Dort befindet sich auch der historische Hängegarten (https://www.haengegarten.de), der ab Mai auf Anmeldung Freitag bis Sonntag geöffnet ist und 3,- € Eintritt (Stand Oktober 2022) kostet (Bilder oben und Mitte). Der Garten wurde ab dem 16. Jahrhundert von den Grafen von Helfenstein errichtet. Er wurde und wird als private Initiative wieder instandgesetzt bzw. gepflegt. Schloss,

Garten und Kirche sind sehr sehenswert, und im Anschluss bietet sich noch eine Stärkung in der Turmschenke an, bevor wir wieder den Rückweg antreten.

Wir verlassen Neufra auf dem gleichen Weg, den wir gekommen sind. Wir laufen jetzt aber bis zur Donau vor. Hier biegen wir links ab und überqueren wenig später die Donau. Hinter der Überquerung geht es rechts ab und wir folgen der Donau bis nach Riedlingen.

Wenn noch etwas Zeit ist, bietet sich hier auch ein kurzer Rundgang durch die Stadt (Bild unten) und ggf. eine weitere Stärkung an. Über die Hindenburgstraße gelangen wir wieder zum Bahnhof und über die Donaubahn RE55 kehren wir wieder zu unserem Ausgangspunkt zurück.

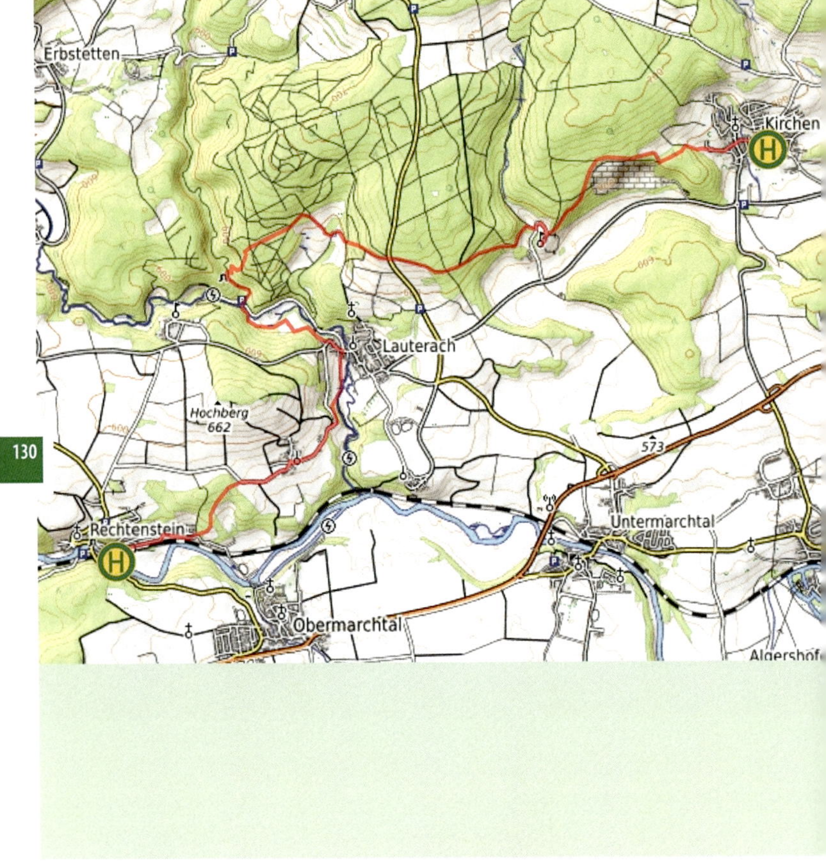

m 640 620 600 580 560 540 520

0 2 4 6 8 10 km

18 Auf den Spuren der Alblinse

Das Wichtigste in Kürze:

Start	Munderkingen (Rechtenstein)
Ende	Ehingen (Kirchen)
Länge	12 km
Summe aller Anstiege	260 m
Summe aller Abstiege	215 m
Wanderkarte 1:35.000	von SAV/LGL; Blatt 31

Diese Wanderung beginnt wieder in Rechtenstein, das über die Donaubahn RE55 erreicht wird.

Vom Bahnhof halten wir uns in östlicher Richtung. Wir folgen dem Schwäbisch-Alb-Oberschwabenweg (HW7), der wenig später links abzweigt. Auf diesem erreichen wir den Weiler Talheim. In der Mitte der Ortschaft verlassen wir den HW7 und wandern ohne Markierung auf einem Radweg Richtung Lauterach. Auch diesen verlassen wir später und zweigen nach rechts auf einen Wanderweg ab, der uns ins Große Lautertal und diesem entlang nach Lauterach bringt. Hier sind wir jetzt auf dem mit dem Burgenweg vereinten (doppelt hält besser) Schwarzwald-Schwäbische-Alb-Allgäu-Weg (HW5). Etwa dort, wo dieser nach rechts abzweigt, befindet sich links der Biolandhof Mammel (Bild oben, mit Hofladen), in dem sich das ‚Zentrum' des neuen Linsenanbaus auf der Schwäbischen Alb befindet (https://lauteracher.de). Woldemar Mammel war der Protagonist dieses neuen Anbaus. Er hat 2006 die alten Linsensorten in einer Saatgutbank in St. Petersburg wiederentdeckt und wieder auf die Schwäbische Alb gebracht. Ein paar Hundert Linsensamen wurde in mühevoller Arbeit vermehrt, bis seit 2012 die historischen Sorten wieder geerntet und verkauft werden können. Auf der Schwäbischen Alb werden Linsen seit Jahrhunderten zusammen mit Getreide ausgesät. Die Linsenpflanzen brauchen diese Rankhilfe, da sie sonst umfallen und verschimmeln würden.

Nach diesem Exkurs folgen wir wieder dem HW5 (und kommen am Informationszentrum des Biosphärengebiets Lauterach vorbei). Dazu gesellt sich ab dem bekannten Wolfstal der HW7 (Bild Mitte). Diesen verlassen wir später und wandern nach rechts auf dem Weg mit ‚blauer Raute' den Berg hinauf und weiter durch den Wald. Über Mahlstetten erreichen wir am Saubergh einen schönen Ausblick Richtung Lauterach. Unter uns liegen Äcker, die zeitweise auch zum Linsenanbau genutzt werden. Weiter geht es der blauen Raute nach. Und bald gelangen wir zum Schloss Mochental (Bild unten), das als Probstei des Klosters Zwiefalten gegründet wurde und im 18. Jahrhundert seine heutige Gestalt erhielt (hier finden auch regelmäßig Ausstellungen statt). Nach Besichtigung und Rast starten wir unseren Schlussabschnitt. Es geht immer noch der blauen Raute nach. Oberhalb eines großen Steinbruchs mit Schotterwerk ist eine Weggabelung, an der wir uns rechts orientieren. Nach einer Weile geht es dann links abwärts nach Kirchen. Dort können wir z.B. im Gasthaus Hirsch unsere Schlusseinkehr abhalten. Mit dem Bus der DING-Linie 316 oder mit dem neuen Rufbus ADKflex (Voranmeldung spätestens 1 Stunde vor Abfahrt erforderlich) gelangen wir von der Haltestelle ‚Ortsmitte' nach Ehingen und zur Donaubahn RE55/RS3.

Lauterach

19 Von Bussen nach Zwiefaltendorf

Das Wichtigste in Kürze:

Start	Uttenweiler (Offingen)
Ende	Riedlingen (Zwiefaltendorf)
Länge	12 km
Summe aller Anstiege	150 m
Summe aller Abstiege	280 m
Wanderkarte 1:35.000	von SAV/LGL; Blatt 31

Von Riedlingen (Donaubahn RE55) oder Biberach (Südbahn IRE3/RE5) erreichen wir mit dem Bus (DING-Linie 380) Offingen (Ortsteil von Uttenweiler).
Von der dortigen Haltestelle ‚Kindergarten', wandern wir zunächst auf dem Schwäbische-Alb-Oberschwaben-Weg (HW7) hinauf zum Bussen.

Von dort haben wir einen wundervollen Ausblick auf Oberschwaben hinüber bis zum Federsee und bei gutem Wetter auch bis zur Alpenkette. Nach Besichtigung der Wallfahrtskirche mit dem im Chor aufgestellten Gnadenbild aus dem 16. Jahrhundert (Bild oben und Mitte; wie man sieht, auch im Winter sehenswert) sowie der leider nur sehr übersichtlichen Burganlage folgen wir dem HW7 weiter hinunter nach Möhringen. Nach Erreichen der Kreisstraße gehen wir nach links bis zum Ortsrand. Dort wenden wir uns auf einem asphaltierten Feldweg nach rechts und folgen ihm eine Weile. Wir wandern dann kurz auf einem Weg nach rechts; danach geht es zweimal links ab. Wir erreichen die alte Bundesstraße, die wir mit leichten Versatz nach links überqueren. Jetzt führt uns ein Weg hinunter zu einem Aussiedlerhof. Dort biegen wir rechts ab, gehen am Aussiedlerhof vorbei direkt auf eine Brücke zu, die uns über die neue B311 führt. Es geht weiter geradeaus in Richtung eines Waldes. Am Waldrand bleiben wir geradeaus und erreichen wenig später ein Naturschutzgebiet. Dieses lassen wir links liegen, sind jetzt wieder auf dem HW7 und gehen in den Wald hinein bis zu dessen Ende. Dort biegen wir links ab und wandern am Waldrand entlang. Am Ende des Waldes folgen wir nach rechts den Weg hinunter nach Zell, lassen dabei aber immer die Bahnlinie links liegen. Wir kreuzen wieder eine Kreisstraße und folgen weiter der Bahnlinie. Kurz danach überqueren wir die Donau und gehen mitten durch eine große Solaranlage. An deren Ende geht es über die Bahnlinie. Dieser folgen wir auf der anderen Seite weiter bis in den Ort Zwiefaltendorf hinein. Bald sehen wir unser Einkehrziel, den Brauereigasthof Blank (mit Tropfsteinhöhle), direkt vor uns (https://www.brauerei-blank.de/). Daneben liegt noch ein Sägewerk (Bild unten), das von der Wasserkraft der Zwiefalter Aach angetrieben wird. Dahinter sehen wir das Schloss, das um 1660 urkundlich erwähnt wird und heute zwei Familien aus Metzingen gehört.

Die Rückfahrt erfolgt (vorzugsweise von Montag bis Freitag) mit dem Bus der DING-Linie 320 nach Riedlingen oder Ehingen, von wo aus wir über die Donaubahn RE55/RS3 weiterfahren können.

Oberwilzingen
Sonderbuch
Lauterach
Hochberg
Rechtenstein
Untermarchtal
Munderkingen
Emeringen
Obermarchtal
Algershofen
Baach
Zwiefaltendorf
Emerkingen
Reutlingendorf
Bechingen
Oberwachingen
Dietelhofen
Daugendorf
Uigendorf
Dietershausen
Möhringen
Sauggart
Unlingen
Bussen
767
Offingen
Göffingen
Riedlingen
Dentingen
Uttenweiler
Hailtingen
Hipfelberg
Heudorf

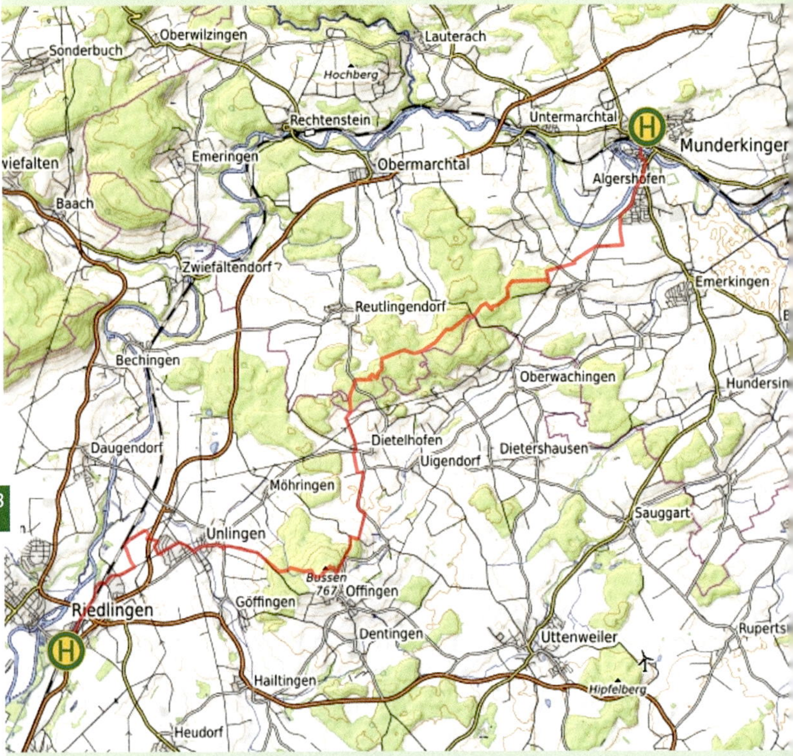

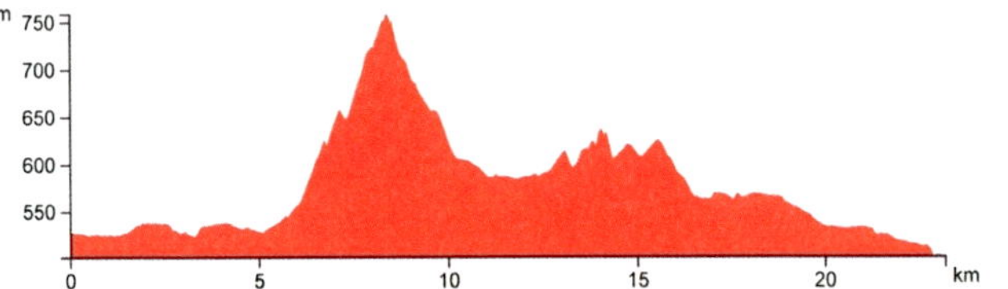

m
750
700
650
600
550
0
5
10
15
20
km

20 Den Bussen von vorn und von hinten

Das Wichtigste in Kürze:

Start	Riedlingen
Ende	Munderkingen
Länge	23 km
Summe aller Anstiege	290 m
Summe aller Abstiege	315 m
Wanderkarte 1:35.000	von SAV/LGL; Blatt 31

Diese letzte Wanderung ist vor allem für die Liebhaber etwas längerer Strecken geeignet.

Start dieser Wanderung ist Riedlingen; erreichbar über die Donaubahn R3. Wir verlassen den Riedlinger Bahnhof nach rechts und Riedlingen auf dem Weg mit ‚blauem Dreieck'. Hinter dem Vöhringer Hof (hier ist ein Zeltplatz) überqueren wir die Bahnlinie und laufen an Eichenau vorbei. Wir bleiben zunächst auf dem Weg und biegen aber schon vor der neuen Bundesstraße nach links ab, um möglichst wenig vom Straßenverkehr belästigt zu werden. Westlich von Unlingen überqueren wir diese und wandern in die Ortschaft hinein. Wir durchqueren Unlingen in östli-

cher Richtung und passieren ein ehemaliges Kloster und die Kirche. Nach der Kreuzung der alten Bundesstraße folgen wir weiter dem blauen Dreieck und wandern direkt auf den Bussen zu. Das Wegzeichen bleibt uns bis dorthin treu.
Dort können wir die erste Rast einlegen und auch Kirche, Aussicht und Ruine ausreichend würdigen. Weiter geht es auf dem Schwarzwald-Schwäbische-Alb-Allgäu-Weg (HW5), über den wir den Bussen wieder verlassen. Dieser Weg wird für die nächste Strecke unser Begleiter sein, allerdings folgt er später ein Stück einer Kreisstraße entlang. Kurz vor Dietelhofen können wir uns mit einer links-rechts-Kombination ein Stück der Kreisstraße ersparen. Am westlichen Ende des Dorfes stoßen wir dann wieder auf den HW5, auf dem wir Richtung Norden weitergehen. Wir kommen in einen Wald und überqueren dann bald die von Dietelhofen kommende Kreisstraße. An einer Wegkreuzung (hier aufpassen!) biegt unser HW5 ab und führt aufwärts durch die Schwedenhöhlen. Diese dienten im 30-jährigen Krieg als Versteck vor den die Gegend brandschatzenden schwedischen Soldaten. Oben angelangt folgen wir dem HW5 noch ein Stück, bevor dieser an einer Wegkreuzung links abbiegt. Hier gehen wir auf einem Weg mit blauer Raute geradeaus weiter. Unterwegs kreuzen wir nach rechts versetzt eine kleine Fahrstraße. Am Ende des Waldes sind wir kurz vor der Ortschaft Hausen am Bussen. Wir biegen links ab, folgen dem Waldrand ein kurzes Stück und zweigen dann wieder rechts ab. Wir sind jetzt auf einer alten Römerstraße, auf der wir geradeaus Richtung Munderkingen weiterwandern. Wir stoßen auf eine Straße, die nach Munderkingen hineinführt. Um uns ein Stück dieser Straße zu ersparen, können wir diese auch überqueren und den nächsten Weg nach links abbiegen. Es geht noch eine Weile der Straße entlang, bis unser Weg nach links Richtung Stadtmitte abzweigt. Dort gibt es – so noch Lust besteht – Einiges zu sehen (Bilder oben, Mitte und unten) sowie auch mehrere Einkehrmöglichkeiten. Zum Bahnhof, von dem wir über die Donaubahn RE55/RS3 zu unserem Ausgangspunkt zurückfahren können, gehen wir über die Donaubrücke, hinter der wir rechts abbiegen.

Interessantes zum Nachlesen:

[1] Darstellung patrizischer Festkultur im Stammbuch des Anton Paul Schermar (1604-1681). (Stadtarchiv Ulm) in Hans-Eugen Specker; Ulmer Patrizier und Bürger; Historisches Lexikon Bayerns

[2] Volker Korte, Klaus Junken, Thomas Kuhnert, Hans-Jürgen Brandes; Der Ulmer Winkel; Blätter des Schwäbischen Albvereins 4/2017, Seite 28

[3] Thomas Pfundner, Henning von Wistinghausen; Neubronn – Ein Schlösschen im Ulmer Winkel; Anton H. Konrad Verlag; Weißenhorn 2013; ISBN 978-3-87437-560-3

[4] Günter Künkele; Europäische Juwelen im UNESCO-Biosphärenreservat Schwäbische Alb; Herausgeber Bund Naturschutz Alb-Neckar e.V. (www.bnan.de), 2013; ISSN 1430-9289

[5] Helmut Hecht; Burgen-Weg; Schwäbischer Albverein e.V., 8. Auflage 2019; ISBN-Nr. 978-3-947486-01-4

[6] Ottmar Schilling: Muschenwang, mein Muschenwang: Das Leben einer Försterfamilie in Muschenwang von 1927 bis 1941 – Erinnerungen eines Zeitgenossen; 4. Auflage Stuttgart, Druck DDD Aalen, 2016

Dank

Ein herzlicher Dank gilt allen Ideengeber und Wanderführern der in dieser Schrift enthaltenen Touren:

Hans-Jürgen Brandes
Silvia Foidl (†)
Bärbel Hornstein
Klaus Junken
Irene Krissler
Alfred Kristen
Herbert Lohrmann (†)
Ingeborg Müller
Hans-Jürgen Ohlhoff
Heide Urban
Jean-Claude Wähler (†)

ebenso wie allen Unterstützern:

Neue Pressegesellschaft mbH & Co. KG;
SÜDWEST PRESSE; Frauenstraße 77, 89073 Ulm

DING; Donau-Iller-Nahverkehrsverbund-GmbH;
Wilhelmstraße 22, 89073 Ulm

Thomas Kuhnert; Fachwart für Öffentlichkeitsarbeit
Schwäbischer Albverein Ulm/Neu-Ulm